Contents

How to use this book

Transition

The activities and guidance here are to help you bridge the gap between GCSE and AS. There may be particular areas where you are still not confident or where you wish to revise. Look through this at the start of your course and decide what you need to practise. You can always refer back later in the year.

Order of topics

This book is divided into four sections, each of which corresponds to a topic in the AQA French AS course. While practice activities use simple vocabulary from various subject areas, grammar points are covered in the same order as in the Student Book. This is to help you practise as you go along, reinforcing what you have learned in the classroom with further activities at home.

Mixed practice

At the end of each section there are some mixed practice activities covering the different points you have encountered. You can try these throughout the year or use them for revision while you prepare for your listening, reading and writing exam.

Test yourself

These activities follow a format you are more likely to encounter in the listening, reading and writing paper – hence the rubrics are in French. When you are in the exam you will not be told which grammar points you need to practise, or that a question is particularly geared towards testing your grammar knowledge and accuracy. Therefore it is important to get used to tackling this type of question with confidence.

Longer activities

Some activities will require more extended responses or offer the opportunity for more creative work. For these it will be suggested that you work on a separate sheet of paper. Alternatively you can type up and save your answers to refer to again when revising.

Receptive knowledge only

The AQA specification, which you can consult online, includes a list of the grammatical structures you will be expected to have studied. Some structures are marked with an (R), which indicates receptive knowledge only is required. This means you need to understand phrases and sentences which use the structures but will not need to apply them in your own written and spoken work. Even so, if you are confident in using them yourself you should do so!

Grammaire

These offer extra support in understanding the point being tested. Don't refer to them unless you need to! If you need additional information, go to the grammar reference section of your Student Book.

Astuce

These offer extra 'handy hints' for tackling different questions, remembering particular rules and applying your grammar knowledge in practice.

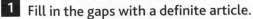

1 Fill in the gaps with a definite article.

a _____ chômage est _____ problème le plus urgent à résoudre.

b _____ plupart des gens pensent que _____ énergie nucléaire est dangereuse.

c Espérons que _____ problèmes économiques de _____ Union européenne ne vont pas durer.

d Je déteste _____ télé-réalité et _____ jeux télévisés.

e _____ français est aussi facile à apprendre que _____ autres langues.

2 Rewrite these sentences in French to give them the <u>opposite</u> meaning, using indefinite articles.

a Je n'ai pas d'amie.

_____

b Je n'aime pas faire de photos numériques.

_____

c La plupart des jeunes n'utilisent pas de portable.

_____

d Chez nous, nous n'avons pas de jardin ou de garage.

_____

e Dans ma chambre, il n'y a pas de télé ou d'ordinateur.

_____

3 Complete the French translations of these sentences.

a *I don't have any money.* = Je n'ai pas _____ .

b *I would like some water, please.* = Je voudrais _____ , s'il vous plaît.

c *I buy chocolate every day.* = J'achète _____ tous les jours.

d *They sell postcards here.* = On vend _____ ici.

e *I don't drink wine.* = Je ne bois pas _____ .

4 Now that you know how to use articles, you are ready to use them in context and able to select the correct one each time. Read this account and complete it by filling the gaps with suitable articles.

J'adore (**a**) _____ vacances de Noël. (**b**) _____ jour de Noël, on reçoit (**c**) _____ cadeaux et on prend (**d**) _____ repas avec toute (**e**) _____ famille. (**f**) _____ année dernière, j'ai offert (**g**) _____ chocolat à ma mère et (**h**) _____ livre à mon père. Moi, j'ai reçu (**i**) _____ portable et (**j**) _____ argent de mes parents.

Grammaire

Articles are short words like 'a', 'the', 'some', 'any'. To use them correctly in French, it is essential to know whether the noun they accompany is masculine or feminine and singular or plural. When you learn a new noun, always learn it with an article, e.g. learn *un problème* or *le problème*, not just *problème*.

Grammaire

Definite articles mean 'the'. In French, use *le* before a masculine word, *la* before a feminine word, *l'* before a vowel or a silent 'h', *les* before a plural noun.

Astuce

Memorise these exceptions to the rule about using *l'*: *le hall, la haie, le héros, le hockey, le hamster, le hangar, le hameau, la harpe, la honte.* In these words, the 'h' is described as 'aspirate', not silent.

Grammaire

Indefinite articles mean 'a' or 'some'. In French, use *un* before a masculine word, *une* before a feminine word, *des* before a plural noun.

Note that after a negative, such as *ne … pas, un, une* or *des* are replaced by *de* (or *d'* if followed by a vowel).

Grammaire

Partitive articles mean 'some' (or 'any' in a negative sentence).

In French, use *du* before a masculine word, *de la* before a feminine word, *de l'* before a vowel or a silent 'h', *des* before a plural noun.

After a negative, *du, de la, de l', des* are replaced by *de* (or *d'* if the next word starts with a vowel).

Transition: Possessive adjectives

1 Whose is it? Fill in the gaps using possessive adjectives.

   a C'est le vélo de mon copain. C'est _____ vélo.

   b C'est la sœur de mon frère. C'est _____ sœur.

   c C'est la voiture de son père. C'est _____ voiture.

   d L'ordinateur est à mon frère et moi. C'est _____ ordinateur.

   e Ce portable est à toi. C'est _____ portable.

2 Guess who? Answer the questions using possessive adjectives.

Example: *C'est la femme de notre oncle. Qui est-ce? Notre tante.*

   a Ils ont trois enfants, mon frère, ma sœur et moi. Qui est-ce?

   _____

   b C'est la mère de ta cousine. Qui est-ce? _____

   c Notre oncle et notre tante ont un fils et une fille. Qui est-ce?

   _____

   d Son frère et sa belle-sœur ont eu un garçon récemment. Qui est-ce?

   _____

   e C'est la mère de mon père. Qui est-ce? _____

3 Translate a–h into French.

   a your school   _____

   b my wardrobe   _____

   c my church   _____

   d her company   _____

   e my wife   _____

   f my team   _____

   g her ear   _____

   h your factory   _____

4 Now that you know how possessive adjectives work, you can use them in an open-ended task. On a separate sheet of paper, write a short French sentence that includes at least one possessive adjective about the following topics.

   a Your family

   b Your school

   c Your teachers

   d Your friends

   e Your free time

Grammaire

Possessive adjectives are words for 'my', 'your', 'his', 'her', 'its', 'our', 'their'. They are used very frequently. You need to know the gender (masculine or feminine) and the number (singular or plural) of the noun they go with.

The key thing to remember is that what counts is the gender of the object possessed, not the gender of the person who owns it. So, to say 'his sister', don't begin with *son* – the correct French is *sa sœur*.

Eng.	masc.	fem.	pl.
my	*mon*	*ma*	*mes*
your	*ton*	*ta*	*tes*
his, her, its	*son*	*sa*	*ses*
our	*notre*	*notre*	*nos*
your	*votre*	*votre*	*vos*
their	*leur*	*leur*	*leurs*

Astuce

Take care! If a feminine noun starts with a vowel or silent 'h', you must use masculine possessive adjectives to go with it, e.g. a girlfriend – *une amie*, my girlfriend – *mon amie*.

AQA French AS © Oxford University Press. Photocopying prohibited.

1 Write out phrases a–j, changing the adjective endings so that they agree with the nouns.

a   une pomme (**vert**) _____

b   des devoirs (**intéressant**)_____

c   des questions (**difficile**) _____

d   de (**mauvais**) notes _____

e   mes (**meilleur**) amies _____

f   des (**petit**) garçons _____

g   les (**grand**) vacances _____

h   une voiture (**bleu**) _____

i   une copine (**intelligent**) _____

j   mon émission (**préféré**) _____

Grammaire

Agreements of adjectives

When an adjective describes a noun that is masculine singular, the adjective ending does not change. If the noun is feminine singular, add an -e to the adjective. Add an -s if it is masculine plural and -es if it is feminine plural.

2 Position of adjectives. In French, most adjectives are placed <u>after</u> the noun they describe. However, many common adjectives come <u>before</u> the noun. To identify those adjectives, cut the snake into 17 parts.

BEAUBONGENTILJOLIMAUVAISMECHANTVILAINGRANDGROSHAUTPETITVASTEJEUNENOUVEAUVIEUXPREMIERDEUXIEME

3 Irregular adjectives. Many adjectives don't simply add an -e for feminine, -s for plural, but they do follow other patterns. The tables below show the most common patterns for masculine and feminine endings. Study them and think of examples to fill the gaps in the right-hand columns.

masc. sing. ending	fem. sing. ending	examples
-er	-ère	cher, chère
-eur	-euse	
-f	-ve	informatif, informative
-x	-se	
-l	-lle	gentil, gentille
-on	-onne	

masc. sing. ending	fem. sing. ending	examples
-eil	-eille	pareil, pareille
-el	-elle	
-en	-enne	moyen, moyenne
-et	-ète	complet, complète
-c	-che or -que	blanc, blanche grec, grecque

4 Write a–i in French, on a separate sheet of paper.

a   an expensive motorbike
b   his first car
c   good marks
d   an informative brochure
e   a public square
f   the White House
g   a dangerous road
h   average temperatures

Astuce

Take care! All of these adjectives are irregular. Moreover, some come before the noun they describe, others don't.

5 Now that you know how to use adjectives correctly, you are ready to tackle more difficult tasks. On a separate sheet of paper, write a description of:

- your school uniform
- the last school trip you went on
- one of your friends.

Include adjectives whenever possible. Think about the position of each adjective in relation to the noun you use.

1 Complete these sentences by adding a verb that makes sense. Make sure you add the correct ending.

a Je _____ la télé tous les soirs.

b J'_____ souvent de la musique.

c Nous _____ les cours à seize heures.

d Ils _____ aux questions du professeur.

e Vous _____ en ville ou à la campagne?

2 Fill the gaps in the clues to find words to complete the crossword. Then spot the only answer in the crossword that is <u>not</u> a verb in the present tense.

Horizontalement

1 Ils _____ à la cantine du collège. (7)

4 En hiver, quelquefois, il _____ . (5)

5 Les élèves se lèvent quand le prof _____ dans la salle de classe. (5)

Verticalement

1 Le prof _____ un film français à ses élèves. (6)

2 L'important n'est pas de _____ mais de participer. (6)

3 Je le cherche mais je ne le _____ pas. (6)

Grammaire

The present tense is used to say that something is happening, happens or does happen.

For regular -er verbs, such as *écouter, regarder, penser, habiter*, the endings are:
-e, -es, -e, -ons, -ez, -ent.

For -ir verbs, including *finir* and *choisir*, the endings are:
-is, -is, -it, -issons, -issez, -issent.

For -re verbs, like *répondre*, *attendre* and *vendre*, the endings are:
-s, -s, – , -ons, -ez, -ent.

Grammaire

Present tense of *avoir* and *être*

The present tense forms of *avoir* are: *j'ai, tu as, il a, nous avons, vous avez, ils ont*.

And for *être*, they are: *je suis, tu es, il est, nous sommes, vous êtes, ils sont*.

Remember that there are English phrases using 'to be' where the French equivalent uses 'to have' instead. The main ones are: to be X years old, to be hungry, to be thirsty, to be right, to be wrong, to be afraid, to be cold. In French, these are: *avoir X ans, avoir faim, avoir soif, avoir raison, avoir tort, avoir peur, avoir froid*.

3 Add the correct form of the present tense of *avoir* or *être* to complete these sentences.

a Il n'a pas raison. Il _____ tort.

b Ils _____ quinze ans.

c Vous _____ faim?

d Elles _____ du même avis.

e Nous _____ une belle maison.

f J'_____ un frère et une sœur.

g Il _____ champion olympique. Il _____ une médaille d'or.

h Elle _____ les yeux bleus.

i Ces livres _____ très intéressants.

Astuce

As the present tense forms of *avoir* and *être* are also used in the formation of the perfect tense, it is essential to know these verbs well. Learn them by heart.

1 Write sentences a–e in French.

a We watched television. _____

b I listened to music. _____

c He has sold his bike. _____

d You have worked hard. _____

e They played badminton. _____

2 Complete the grids below to help you revise irregular past participles. For each English verb, identify the French equivalent and its past participle. Write a number in the first box and a letter in the second box.

Example: *to have – 4 – f*

English	answers		French infinitive	past participle
to have	4	f	1 *connaître*	a *suivi*
to drink			2 *prendre*	b *été*
to know (someone)			3 *mettre*	c *dit*
to run			4 *avoir*	d *pu*
to have to			5 *vivre*	e *voulu*
to say			6 *recevoir*	f *eu*
to write			7 *devoir*	g *couru*
to be			8 *boire*	h *mis*
to do			9 *savoir*	i *vécu*
to read			10 *dire*	j *connu*

English	answers		French infinitive	past participle
to put			11 *suivre*	k *lu*
to open			12 *écrire*	l *dû*
to be able to			13 *être*	m *bu*
to take			14 *faire*	n *ouvert*
to receive			15 *courir*	o *vu*
to know how to			16 *lire*	p *pris*
to follow			17 *vouloir*	q *su*
to live			18 *pouvoir*	r *fait*
to see			19 *ouvrir*	s *écrit*
to want			20 *voir*	t *reçu*

Grammaire

The perfect tense is a past tense. It is needed to express completed actions like 'I wrote' or 'I have written'.

To use a verb in the perfect tense in French, you need three parts:

1 the subject (a noun, a name, or a pronoun – *je, tu, il,* etc.)

2 the correct part of *avoir* (*ai, as, a, avons, avez, ont*) or of *être* (see page 10)

3 the past participle of the verb (*regardé, choisi, attendu,* etc.).

3 Choose five irregular verbs from the grids above. On a separate sheet of paper, write short French sentences using the verbs in the perfect tense.

4 Now you are ready to tackle sentences that may or may not contain irregular verbs. Use the perfect tense of the verbs in brackets to complete sentences a–e.

a Il _____ un régime draconien. (**faire**)

b Elles _____ s'entraîner tous les jours. (**devoir**)

c Ils _____ y aller. (**pouvoir**)

d J' _____ de bonnes notes. (**avoir**)

e Elle _____ un mail à sa copine. (**envoyer**)

1 Circle the perfect tense verbs (two words each time) and explain why an extra -e, -s or -es has been added to the past participle.

Example: *Les garçons* (sont allés) *au cinéma. The subject (the boys) is plural, so allés has an -s.*

a Mes petites sœurs jumelles sont nées l'année dernière.

_____

b Ma grand-mère est morte il y a deux ans.

_____

c Mon amie est venue me voir chez moi hier.

_____

d Mes parents sont partis en vacances en Grèce.

_____

e Ma copine et moi sommes allées au cinéma samedi dernier.

_____

Grammaire

A group of key French verbs use the present tense of *être* (*suis, es, est, sommes, êtes, sont*) instead of *avoir* to form the perfect tense: *aller – je suis allé* (I went).

They are:

aller to go	*venir* to come
arriver to arrive	*partir* to leave
entrer to go in	*sortir* to go out
monter to go up	*descendre* to go down
naître to be born	*mourir* to die
retourner to return	*rentrer* to go home
rester to stay	*tomber* to fall
devenir to become	*revenir* to come back

When you use them in the perfect tense, remember that the past participle has to agree with the subject. Add -e, -s or -es appropriately: *elle est allée* (she went).

2 Complete each sentence using the perfect tense of the verb given at the end in brackets.

a Ils _____ à l'heure. (**arriver**)

b Isabelle _____ en ville. (**sortir**)

c Elles _____ tard. (**rentrer**)

d Vous _____ à quelle heure? (**partir**)

e Il _____ de vélo. (**tomber**)

3 Change these sentences from the present tense to the perfect tense.

a Elles se dépêchent.

_____

b Ma sœur se réveille à huit heures.

_____

c Je m'intéresse aux nouvelles technologies.

_____

d Ils se passionnent pour le sport.

_____

e Nous nous couchons vers onze heures.

_____

Grammaire

Reflexive verbs

All reflexive verbs also take *être* in the perfect tense:

se lever (to get up) – *elle s'est levée tôt* (she got up early).

Remember to include the appropriate reflexive pronoun (*me, te, se, nous, vous*) immediately after the subject:

je me suis levé(e) tôt (I got up early).

4 Now that you know how to use verbs that take *être* in the perfect tense, write a short account of what you did yesterday, on a separate sheet of paper. Mention when you got up, what time you left home, where you went, how you got home, whether you stayed at home or went out in the evening, and your bedtime. You will probably use some reflexive verbs and some that are not reflexive, but all in the perfect tense.

1 Translate a–g into English.

a Je ne sors que le samedi soir.

_____

b Elle ne prend jamais de médicaments.

_____

c Je ne la vois plus.

_____

d Nous ne pouvons rien y faire.

_____

e Ils ne rencontrent personne.

_____

f Personne n'est d'accord avec lui.

_____

g Il ne veut ni se fiancer ni se marier.

_____

2 Reorder the words in these sentences so that they make sense.

a ils jamais allés ne France sont en

_____

b rien il fait a année n' cette

_____

c elle l'Italie visité a que n'

_____

d nous oublié n' personne avons

_____

e il ni sa n' ni a vu ses famille amis

_____

3 Now that you know how to use negatives in French, you can create your own negative sentences with accuracy.

Write five negative sentences in French, on a separate sheet of paper, to mention the following ideas.

a A place you have never visited.

b Two things you didn't like last time you went on holiday.

c The only thing about the holiday you really liked.

d Something you didn't do.

e The fact that you no longer want to go there.

Grammaire

Negatives + present tense

To make a sentence negative, add _ne_ (or _n'_ before a vowel or silent 'h') immediately before the verb, and _pas_ immediately after it.

il travaille (he works, he's working)

il **ne** travaille **pas** (he doesn't work, he isn't working)

The same pattern applies to other negative expressions:

_ne ____ plus_ = no more/no longer

_ne ____ jamais*_ = never

_ne ____ rien*_ = nothing

_ne ____ personne*_ = no one, nobody

_ne ____ aucun*_ = not any

_ne ____ nulle part_ = nowhere

_ne ____ que_ = only (although not a negative as such, it is used as one)

_ne ____ ni ____ ni_ = neither ____ nor ____ (with this one, usually a verb follows _ne_, then nouns after each _ni_: _Elle **ne** mange **ni** viande **ni** poisson._)

* These can also be used as the <u>subject</u> of the verb in a sentence, to say something like 'nobody comes to see us'. To do this, begin with _personne/rien/jamais/aucun_, then add _ne_, and then the verb: **_Personne ne vient nous voir._**

Grammaire

Negatives + perfect tense

With the perfect tense, use _ne_ (or _n'_) immediately before the part of _avoir_ or _être_ and _pas/rien/jamais_ etc. immediately after it and before the past participle:

Je **n'ai jamais** joué au cricket. I've never played cricket.

Note that _personne_, _aucun_ and _que_ work differently. Place _ne/n'_ immediately after the subject, but _personne/aucun/que_ after the past participle:

Je **n'ai** rencontré **personne**. I didn't meet anyone.

Negative expressions which can be used as the subject of the verb are reversed at the start of the sentence:

**Rien ne** s'est passé. Nothing happened.

Transition: The immediate future (*aller* + infinitive)

1 Rewrite these sentences using the immediate future tense.

a   Il mange avec ses copains en ville.

_____

b   Je vais à la patinoire.

_____

c   Elle sort souvent le soir.

_____

d   Ils sont à l'heure.

_____

e   Nous faisons la vaisselle.

_____

f   Allez-vous en Italie cette année?

_____

g   Je me repose l'après-midi.

_____

2 Rewrite these sentences to make them negative, using the expressions given in brackets.

a   Je vais jouer au golf. (*never*)

_____

b   Ma sœur va aller au théâtre. (*not*)

_____

c   Tu vas sortir avec tes copains. (*no longer*)

_____

d   Ils vont louer un appartement. (*not*)

_____

e   Le gouvernement européen va prendre cette décision. (*not*)

_____

f   Il va nager. (*no longer*)

_____

g   Nous allons aller sur la Lune. (*never*)

_____

3 Now that you know how to use the immediate future, write a few lines, on a separate sheet of paper, about what you are going to do this weekend.

Grammaire

The irregular verb *aller* means 'to go'. Check that you are confident with the present tense of *aller*: *je vais, tu vas, il va, nous allons, vous allez, ils vont.*

Reminder: the present tense has more than one equivalent in English and is used to state what happens, is happening, or does happen; so *je vais* can mean 'I go' or 'I'm going' or 'I do go'.

Grammaire

aller + infinitive

The present tense of *aller* is also used to form the immediate future tense, to express something like 'I'm going to play football on Saturday' – *Je vais jouer au foot samedi.*

The verb that follows the present tense of *aller* is always in the infinitive.

With reflexive verbs, the reflexive pronoun (*me, te, se, nous, vous, se*) varies to match the subject of the sentence, e.g. *se* réveiller (to wake up) – *je vais **me** réveiller* (I'm going to wake up).

Astuce

When combining the immediate future with a negative expression, place *ne* immediately before the part of *aller*, and *pas/jamais/plus* immediately after it.

1 Choose A, B or C each time to construct the correct sentence. Work it out using the grid, then write out your four sentences, on a separate sheet of paper.

a	Il	A n'a donné jamais	A de	argent à	A un	œuvres caritatives.
		B n'a jamais donné	B de l'		B une	
		C jamais n'a donné	C d'		C des	

b	A Mon	copie	et moi	A sommes	A allées	faire des courses.
	B Ma			B sont	B allé	
	C Mes			C est	C allée	

c	Elle	A ai	A acheter	une chemise	A blanche.	
		B as	B acheté		B blanc.	
		C a	C achète		C blanches.	

d	Moi, j'ai	A prendre	des chaussures	A noir.		
		B pris		B noirs.		
		C prends		C noires.		

2 Fill in the tables with the *je* form of the present tense, the perfect tense, and the immediate future of these verbs. The first row is given as an example.

	present tense	perfect tense	immediate future
aller	je vais	je suis allé/ allée	je vais aller
se coucher			
comprendre			
venir			
faire			

	present tense	perfect tense	immediate future
pouvoir			
devoir			
attendre			
choisir			
écouter			

3 On a separate sheet of paper, rewrite this account of a holiday, putting it in the perfect tense. Use either masculine or feminine forms appropriate to yourself.

> Je vais dans le sud de la France avec ma famille. J'y reste deux semaines. J'aime aller à la plage. Je m'amuse avec mes copains. Le soir, nous sortons en ville. Je rentre après minuit. J'adore ça mais mes parents ne sont pas d'accord. J'aime ces vacances.

Astuce

These exercises practise some key grammar points you have covered in this Transition topic.

Topic 1: The present tense: irregular verbs

1 These are the most common irregular verbs in the present tense. Solve the anagrams to find the infinitives and then write all the forms of the present tense of each verb in French.

Example: OVIR – *voir – je vois, tu vois, il/elle voit, nous voyons, vous voyez, ils/elles voient*

a A FIRE _____ _____

b RIDE _____ _____

c RIVEN _____ _____

d REAL L _____ _____

e RED PEN R _____ _____

f DIM ORR _____ _____

g OR STIR _____ _____

h RICE ER _____ _____

i INTO CRANE _____ _____

j TERM ET _____ _____

k VICE OR RE _____ _____

2 Use the present tense of some of the verbs in Exercise 1 to translate these sentences into French.

a I don't know his girlfriend. _____

b We take the bus. _____

c She goes out every night. _____

d Do you (*plural*) write letters? _____

3 Write a simple French sentence in the present tense for each verb.

a apprendre (*to learn*)

_____

b comprendre (*to understand*)

_____

c revoir (*to see again*)

_____

d remettre (*to postpone*)

_____

e revenir (*to come back*)

_____

f reconnaître (*to recognise*)

_____

g décrire (*to describe*)

_____

1 *Devinettes.* Identify the four French modal verbs.

a Mon premier est le féminin de «son».
Mon second est synonyme de «regarder».
Mon tout est synonyme de «connaître».

_____

b Mon premier a le même son que le numéro deux.
Mon second est synonyme de «regarder».
Mon tout est presque homonyme de «travail scolaire à la maison».

_____

c Mon premier est un mot qui signifie «*for*», sans la dernière lettre.
Mon second est synonyme de «regarder».
Mon tout veut aussi dire «*power*» en anglais.

_____

d Mon premier est la forme polie de «tu», sans la dernière lettre.
Mon second est une souris (en anglais, c'est «*a dormouse*»).
Mon tout est synonyme d'«avoir envie de quelque chose».

_____

2 Use the correct form of the correct modal verb to fill in the gaps.

a Ils _____ ce qu'ils veulent.

b On _____ faire ses devoirs. C'est obligatoire.

c Elle _____ sortir avec ses copines parce qu'elle les aime bien.

d Ils _____ rentrer à minuit. Leurs parents leur en ont donné la permission.

e Elles ne _____ pas quoi faire.

f Il fait ce qu'il _____ . Il est libre, après tout!

g On ne _____ pas y aller. Notre voiture est en panne.

3 Translate these sentences into French.

a They know what they have to do.

_____ ce qu'ils _____

b He can do what he wants.

_____

c One can't know everything.

_____ tout _____

d We must protect the environment.

_____

e Now that he knows how to swim, he can go to the pool by himself.

_____

Topic 1: Other uses of the present tense

1 Change each sentence to say what <u>has just happened</u>: replace the perfect tense with the appropriate present tense of *venir*, followed by *de* and an infinitive.

Example: *J'ai fait la vaisselle.* (*I've done the washing up.*) – *Je viens de faire la vaisselle.* (*I've just done the washing up.*)

a Mes copains m'ont envoyé des photos numériques.

_____

b Jennifer a sorti un super CD.

_____

c Il a eu un accident du travail.

_____

d Nous sommes rentrés de vacances.

_____

e J'ai décidé de me promener un peu en ville.

_____

> **Grammaire**
> The present tense of *venir* + *de* + infinitive is used to indicate that something has just happened.

2 Write French sentences based on the information given in a–e, using a verb of your choice in the present tense followed by *depuis*.

Example: *violon – cinq ans – Il joue du violon depuis cinq ans.*

a un petit ami – six mois _____

b du sport – toujours _____

c végétarienne – un an _____

d une voiture – l'âge de dix-huit ans _____

e un nouveau portable – deux semaines _____

> **Grammaire**
> *Depuis* (since, for) is used with the present tense in French to indicate that an action is still going on.

3 Read each statement (a–e) about what is happening now, and make up a corresponding French sentence to say how things will be different in the future. Use the immediate future tense in your answer.

Example: *Maintenant, je vais au collège à vélo. À l'avenir, je vais aller au collège en voiture.*

a Maintenant, il utilise le téléphone fixe de ses parents pour appeler ses copains.

À l'avenir, _____ .

b Maintenant, ils partent en vacances avec leurs parents.

À l'avenir, _____ .

c Maintenant, nous allons au collège.

Dans deux ans, _____ .

d Maintenant, je regarde beaucoup de télé.

À l'avenir, _____ .

e Maintenant, je travaille dans un café le samedi.

Plus tard dans la vie, _____ .

> **Grammaire**
> **The immediate future**
> Use the present tense of *aller* followed by an infinitive to indicate that something is going to happen. (See page 12.)

Grammaire

The verbs that follow these connective words and phrases are always in the infinitive:

à   de   pour   afin de   au lieu de   avant de   sans   sur le point de   en train de

1 Match up a–g with 1–7 to make meaningful sentences. Write the correct number in the boxes.

a Il a traversé la rue   ☐   **1** afin d'être au courant de ce qui se passe.

b Elle fait ce qu'elle peut   ☐   **2** pour l'aider.

c Je regarde les nouvelles   ☐   **3** sur le point de divorcer.

d Ils sont   ☐   **4** sans regarder.

e Il faut avoir un passeport   ☐   **5** au lieu de son portable.

f Il utilise souvent le téléphone fixe   ☐   **6** avant de pouvoir voyager à l'étranger.

g On a bientôt un examen. Je suis   ☐   **7** en train de réviser.

2 Fill in the blanks with suitable connective words and phrases from the *Grammaire* box at the top of this page. Underline the infinitive that appears after each one.

a Il était _____ gagner la course quand il est tombé.

b _____ partir en vacances à l'étranger, ils ont décidé _____ _____ rester chez eux.

c _____ commencer _____ fumer, il faut penser aux conséquences.

d Elle met des vêtements à la mode _____ appartenir à un groupe.

e On peut très bien aimer la télé _____ en être esclave.

3 Write sentences a–h in French.

a Doctors encourage people to be active.

_____

b She refuses to talk to her doctor.

_____

c Young people must avoid drinking too much alcohol.

_____

d He managed to stop smoking.

_____

e I decided to continue playing badminton.

_____

f She learnt to play the guitar.

_____

g He tried to understand.

_____

h He dreams of going to see the World Cup.

_____

Grammaire

When using verbs followed by *de* or *à*, the subsequent verb must be the infinitive. See page 70 to check whether the verb you are using needs to take *à* or *de* (or neither!).

*Il **a envie d'**aller en ville.*

■ Topic 1: The imperative

1 On which occasions are you likely to hear these commands or instructions (a–g)? Choose your answers (1–7) and write them in the boxes.

a Allez, les bleus! ☐

b Vas-y! ☐

c Accusé, levez-vous! ☐

d Ralentissez, vous roulez trop vite! ☐

e Allons enfants de la patrie, le jour de gloire est arrivé! ☐

f Garez-vous là et coupez le moteur, s'il vous plaît! ☐

g Dépêchez-vous! ☐

1 *in a French court*

2 *listening to the French national anthem*

3 *at a child's swimming lesson*

4 *at a sports venue involving the French national team*

5 *if you are late*

6 *taking a driving test in France*

7 *if your car got stopped by the police in France*

2 Ready for a game? Use commands in French to tell your friend to do certain things, for example, *Enlève tes chaussures* or *Assieds-toi par terre*. If you use the correct French, your friend has to do as you say; otherwise, it is his/her turn to tell you what to do. You may want to use some of the following verbs.

danser · ouvrir · sauter · monter · mettre · conduire · aller · se lever · s'asseoir · faire · fermer · enlever

Grammaire

Reminder: to give a command or instruction in French to a friend, use the *tu* form of the present tense without the word *tu* at the start, and without the final *-s* in the case of *-er* verbs.

To give an instruction using *aller*, use *va!* (go!).

When using a reflexive verb, add *-toi* immediately after the verb: *lève-toi!* (get up!).

3 Try these in French. (Use either the *tu* or *vous* forms for the ones addressed to 'you'.)

a Let's have an ice cream. _____

b Do your homework! _____

c Stop shouting! _____

d Leave me alone! _____

e Let's go for a walk. _____

Grammaire

Reminder: the *nous* form of the imperative, used to make suggestions, is simply the *nous* form of the present tense without the word *nous* at the start:

Allons au café. Let's go to the café.

4 Negative commands. Reorder the words in each sentence so that they make sense.

a pas inquiétez ne vous _____

b soyez ne si pas bruyants _____

c jamais le seule ne soir sors _____

d rien ne dites lui _____

e n' de jamais drogue acceptez _____

Grammaire

In a negative command using a reflexive verb, the reflexive pronoun is placed immediately before the verb:

*Ne **vous** arrêtez pas!*

1 Compare mobile phones: on a separate sheet of paper, write French sentences that outline the advantages and disadvantages of your mobile phone, compared to your friends' mobiles. Use adjectives such as *cher, petit, grand, pratique, solide* …

Example: *Le portable de Sarah est plus cher que le mien.*

2 Use this table of weather information for Nice and Paris to make comparisons between the two cities. Complete the sentences about temperature, wind strength, wind chill, etc., using the comparative of the adjective given in brackets.

Example: *Compare the temperature. (élevé) – À Nice, les températures sont plus élevées qu'à Paris.*

	NICE	PARIS
Températures à 16 heures	27 degrés	24 degrés
Force du vent	50 km/h	15 km/h
Températures ressenties	23 degrés	24 degrés
Visibilité	8 km	6 km
Degré d'humidité	52%	64%
Risque de pluie	10%	30%

a Compare the strength of the wind. (*fort*)

À Paris, le _____ .

b Compare the wind chill temperature. (*bas*)

À Nice, les _____ .

c Compare the visibility. (*meilleur*)

À Nice, la _____ .

d Compare the level of humidity. (*élevé*)

À Nice, le _____ .

e Compare the risk of rain. (*grand*)

À Paris, le _____ .

3 Sport and superlatives. Complete these French sentences using the information given in brackets. Some vocabulary is given to help you.

a Mo Farah est _____ du monde. (*the best 10 000-metre runner*)

b _____ de tous les temps est brésilien. Il s'appelle Pelé. (*the most famous footballer*)

c Au basket, les États-Unis ont _____ . (*the strongest team*)

d Usain Bolt est _____ du monde. (*the fastest sprinter*)

e Les États-Unis ont reçu _____ de médailles d'or aux Jeux Olympiques de Londres. (*the greatest number*)

> coureur   équipe   footballeur   nombre   sprinteur   célèbre   fort   rapide

Grammaire

Add *plus … que* (more … than), *moins … que* (less … than) or *aussi … que* (as … as) around adjectives to compare one thing to another.

Each adjective has to agree with its noun or pronoun:

Elle est plus intelligente que son frère.

To form **superlatives** i.e. 'the most X', 'the least X', 'the biggest', 'the best', etc., use *le, la, les plus/ moins* + adjective. Don't forget the agreement.

C'est l'émission la plus intéressante de la semaine.

Astuce

Take care! Some adjectives, such as *grand* and *haut*, come before the noun they describe. When they do, the superlative also comes before the noun:
C'est la plus haute montagne du monde.

1 Wordsearch. Find 30 different reflexive verbs (in the infinitive). Note that the pronoun *se* or *s'* has been omitted in the grid, but include it in your answer list.

R	E	T	R	O	U	V	E	R	R	E	H	C	U	O	C
E	C	A	R	E	H	C	E	P	E	D	R	A	I	T	E
V	S	T	A	P	P	R	O	C	H	E	R	Q	U	B	N
E	P	E	O	U	R	E	L	E	P	P	A	U	L	I	N
I	N	T	E	R	E	S	S	E	R	E	S	I	G	E	U
L	T	R	O	U	V	E	R	R	O	U	E	L	P	N	Y
L	R	E	S	U	M	A	E	D	I	T	R	U	E	V	E
E	R	D	R	O	L	B	L	N	I	E	T	R	I	E	R
R	I	O	E	S	S	A	L	E	S	T	T	E	G	R	E
R	N	U	T	R	O	I	I	T	R	R	E	S	N	E	S
E	E	C	U	E	S	G	B	N	I	F	M	O	E	N	T
I	V	H	P	P	R	N	A	E	T	A	O	P	R	E	S
R	U	E	S	M	A	E	H	L	N	C	O	E	I	M	R
A	O	R	I	O	N	R	V	I	E	H	V	R	A	O	E
M	S	E	D	R	U	P	E	A	S	E	N	I	T	R	E
A	R	R	E	T	E	R	T	P	L	R	A	R	I	P	S

s'arrêter _____ se retrouver _____

_____ _____

_____ _____

_____ _____

_____ _____

_____ _____

_____ _____

_____ _____

_____ _____

_____ _____

_____ _____

_____ _____

_____ _____

_____ _____

2 Complete sentences a–f, using the present tense of some of the reflexive verbs you found in the wordsearch.

a Il aime porter des vêtements chics. Il _____ vraiment bien.

b Je préfère la douche au bain. Je _____ tous les jours.

c Quand vous _____, admettez votre erreur.

d Ils ne _____ pas bien. Ils sont toujours en train de se disputer.

e Je crois que j'ai de la fièvre. Je _____ pas bien.

f Nous _____ tous les jours à sept heures. Ensuite, nous _____ pour prendre le petit déjeuner.

Grammaire

When reflexive verbs are used in the infinitive, the reflexive pronoun is not always *se* but has to agree with the subject of the sentence and so will be *me*, *te*, *se*, *nous* or *vous*.

*se réveiller – Je vais **me réveiller**.*

*se reposer – Nous allons **nous reposer**.*

3 Fill in the gaps by adding appropriate reflexive verbs in the infinitive. All the verbs you need are in the wordsearch.

a Je n'ai pas besoin de _____ les cheveux. Ils sont propres.

b Nous espérons _____ au printemps. Nous sommes fiancés depuis l'été dernier.

c «Tu as l'intention de _____ dans la mer tous les jours?» «Bien sûr. La plage, c'est fait pour ça, non?»

d Est-ce que vous allez arrêter de _____? Ça fait une heure que ça dure! Ça suffit, non?

e Ils doivent _____. Ils sont en retard.

f Vous devriez _____ avant dix heures. Sinon, demain, vous serez fatigués.

1 Complete sentences a–e by using appropriate verbs in the future tense. Choose carefully from the box of infinitives below.

a Il ne s'entend plus du tout avec sa femme. Ils _____ bientôt, je crois.

b Ils s'aiment vraiment. Ils _____ le 15 mai. La cérémonie est à 11 heures.

c On n'a pas assez d'argent pour prendre des vacances cette année. On _____ en Italie l'été prochain.

d J'espère qu'à l'avenir, tu ne _____ pas. Tout le monde sait que ça donne le cancer du poumon.

e J' _____ à jouer d'un instrument de musique cette année. Je pense que je _____ le violon.

> jouer fumer apprendre finir se marier partir divorcer arriver choisir acheter

2 Fill in the gaps, using the verbs in brackets in the correct tense.

a J' _____ les conseils de mon père quand il _____ de me critiquer tout le temps. (**écouter**, **arrêter**)

b Elle _____ du poids quand elle _____ ce qui est bon pour la santé. (**perdre**, **manger**)

c On _____ quand on ne _____ plus. (**se quitter**, **s'aimer**)

d Tu _____ ce que tu veux quand tu _____ un salaire. (**acheter**, **gagner**)

e Ils _____ à penser à leur carrière professionnelle quand ils _____ à l'université. (**commencer**, **étudier**)

3 The immediate future has been used in sentences a–e. Rewrite them in the future tense.

Example: *Il va partir bientôt. – Il partira bientôt.*

a Je vais demander à mes parents de me donner plus d'argent de poche.

_____

b Quand je vais partir en vacances avec mes copains, on va jouer au golf tous les jours.

_____

c Il va économiser son argent et il va s'acheter un baladeur mp4 pour son anniversaire.

_____

d Ils ne vont pas sortir. Ils vont rester chez eux.

_____

e Je ne vais pas acheter de voiture. Je vais continuer à me servir de mon vélo.

_____

Grammaire

The future tense is formed by adding endings similar to the present tense of *avoir*: *-ai, -as, -a, -ons, -ez, -ont* to the infinitive form of the verb.

For verbs ending in *-re*, the final *-e* is omitted before giving it a future ending: *attendre – j'attendrai.*

Grammaire

quand + future, ... future

In French, *quand* is followed by a verb in the future tense when the two parts of the sentence refer to the same time frame, as in: 'When I <u>am</u> 18, I <u>will go</u> to university':

*Quand j'**aurai** dix-huit ans, j'**irai** à l'université.*

(Watch out for this, because English usage is different.)

Astuce

Take care where *ne ... pas* is involved. Place *ne ... pas* around the verb in the future tense.

Topic 1: The future tense: irregular verbs

1 Write a–j in French.

a we will see _____

b I won't go _____

c there will be _____

d they will come _____

e she will do _____

f I won't be able to _____

g he'll know how to _____

h we'll have to _____

i you will be _____

j she will have _____

Grammaire

The good news:

– there are NO irregular verb <u>endings</u> in the future tense.

The not-so-good news:

– there are key verbs that have an irregular <u>stem</u> on which the future tense is based, and you need to learn these. Turn to page 69 to refresh your memory.

Astuce

Take care! All the verbs needed here are irregular in the future tense. You can use some of the verbs you worked out in Exercise 1.

2 Read the first sentence each time and then complete the second, using the future tense.

a J'ai seize ans.

L'année prochaine, _____.

b On doit passer un examen en juin cette année.

L'année prochaine aussi, _____.

c Je ne peux pas partir en vacances cette année. J'ai trop de travail.

L'année prochaine non plus, _____.

d Il y a beaucoup de révisions à faire pour mes examens.

L'année prochaine aussi, _____.

e Pour nous relaxer, ma petite amie et moi allons au cinéma aujourd'hui.

Samedi prochain aussi, _____.

3 Complete these sentences with verbs in the future tense.

a Quand j'_____ dix-huit ans, j'_____ à l'université.

b Plus tard dans la vie, je me marierai avec le garçon de mes rêves. Nous _____ trois enfants, j'espère.

c Si nous voulons devenir propriétaires d'une maison, nous _____ économiser beaucoup d'argent.

d Je _____ aussi une carrière professionnelle. Je _____ enseignante dans un lycée.

e Tout au moins, c'est ce que j'espère. On _____ .

4 Write a few lines in French, on a separate sheet of paper, outlining how you see your own future. You could mention further studies, career, family or hobbies.

Astuce

There will be more practice of the future tense on page 28.

1 Write sentences a–e in English.

a Cette voiture est vendue à un prix très raisonnable.

_____

b Facebook est utilisé par la moitié de la population.

_____

c L'esclavage a été aboli il y a longtemps.

_____

d Des progrès technologiques énormes ont été faits dans les vingt dernières années.

_____

e Grâce aux Jeux Olympiques de 2012, la pratique d'un sport sera encouragée dans toutes nos écoles.

_____

> **Grammaire**
>
> **The passive voice** is where the subject of the verb does not actively do what the verb suggests, as in this example:
>
> _Son roman a été publié l'année dernière._ Her novel was published last year.
>
> Use _être_ in the appropriate tense, followed by the past participle of the verb, such as _mangé_ or _fini_.
>
> The past participle has an ending to agree with the subject:
>
> _Sa collection de poésie sera publiée l'année prochaine._ Her collection of poems will be published next year.

2 Translate a–d into French.

a the winner is chosen _____

b they are elected _____

c we are informed _____

d he is arrested _____

3 Write these sentences in French.

a In France, the Prime Minister is chosen by the President.

_____

b These programmes are presented by Ant and Dec.

_____

c It's done by hand by my neighbour.

_____

d Candidates are questioned one by one by the director.

_____

e Bees are attracted by certain flowers.

_____

> **Grammaire**
>
> Note that when a verb in the passive voice is followed by 'by', as in 'He was arrested by the police', the French word to use for 'by' is _par_:
>
> _Il a été arrêté par la police._

> **Grammaire**
>
> **Avoiding the passive**
>
> In French, _on_ followed by an active verb is an alternative to the passive. So 'This furniture is sold at auction' becomes 'One sells this furniture at auction'. In French, _Ces meubles sont vendus aux enchères_ becomes _On vend ces meubles aux enchères_.
>
> The _on_ option is used more frequently than the passive voice. It is compulsory with verbs followed by _à_, such as _dire à quelqu'un_: 'we are told' becomes _on nous dit_, i.e. 'one tells us' or 'they tell us'. Remember to place the indirect object pronoun before the verb.

4 Put these sentences into French, on a separate sheet of paper, starting each one with _on_.

a They are given money.

b We are advised to revise.

c I am often asked to walk the dog.

d We are told to work hard.

Topic 1: Mixed practice

1 Put events a–e in chronological order, reading them carefully and numbering them 1–5.

a Il vient de s'arrêter de fumer. ☐

b Il a commencé à fumer à l'âge de dix-huit ans. ☐

c Il peut dire à tout le monde qu'il est non-fumeur. ☐

d Quand il sera plus âgé, il n'aura plus à s'inquiéter du cancer du poumon. ☐

e Il va trouver autre chose à faire pour se déstresser. ☐

> **Astuce**
>
> These exercises practise some key grammar points you have covered in Topic 1.

2 Comparisons. Write short sentences in French, on a separate sheet of paper, to compare …

a London or Edinburgh to your home town, in terms of population size.

b Manchester United to Chelsea, in terms of footballing ability.

c French to maths, in terms of the difficulty of the subjects.

d Britain to France as holiday destinations.

e travelling by plane to travelling by car.

3 Complete the French sentences containing commands and superlatives, so that they match the English sentences.

a *Buy a ticket for the most spectacular event of the year!*

_____ un billet pour _____ de l'année.

b *Come and see the best athletes in the world!*

_____ voir _____ du monde.

c *Give your team the most fantastic support. Don't forget to buy a souvenir programme.*

_____ votre équipe _____ .

_____ d'acheter un programme souvenir.

4 Write these sentences in French. Take care! All the verbs are in the passive voice.

a She is known to the police. _____

b The best croissants are made in France. _____

c This magazine is read by millions of teenagers. _____

d It's very well made. _____

5 Complete the French sentences to match the English ones, starting each one with *on*, thus avoiding the passive.

a *They are given time to prepare themselves for the race.*

_____ du temps pour _____ pour la course.

b *People are encouraged to eat some fruit and vegetables every day.*

_____ les gens à _____ des fruits et des légumes tous les jours.

c *You are asked to pay at the cash desk.* _____ de payer à la caisse.

1 Lisez ce texte sur les progrès technologiques et remplissez les blancs avec la forme correcte des verbes donnés entre parenthèses.

a   La révolution technologique continue de _____ . (**s'accélérer**)

b   On _____ l'ordinateur il y a déjà longtemps. (**inventer**)

c   De nos jours, la plupart des gens _____ d'un ordinateur ou chez eux ou à leur travail. (**se servir**)

d   Ils _____ par mail ou par l'intermédiaire de Facebook, par exemple. (**communiquer**)

e   On ne peut plus vivre sans _____ de portable. (**avoir**)

f   L'invention d'Internet a _____ un accès immédiat à l'information. (**permettre**)

g   L'iPad _____ de sortir récemment. (**venir**)

h   Le mp3 a été _____ par le mp4. (**remplacer**)

i   Avec le GPS, on ne _____ plus se perdre maintenant. (**pouvoir**)

j   Quelle _____ être la prochaine invention? (**aller**)

2 Lisez ces réponses à la question: **Qu'est-ce que vous pensez d'Internet?**

Complétez les réponses avec un mot choisi dans la liste à droite. Attention! Il y a deux mots de trop. Pour chacune de vos réponses, donnez (en anglais) la raison de votre choix.

achètes	préfère
encourage	télécharger
passera	~~évitez~~
propagande	depuis
absolument	dernières
les plus	

a   _Évitez_ Internet à tout prix! Vous risquez d'en devenir accro.

An imperative is required. _____

b   Je _____ un monde réel plutôt que virtuel.

_____

c   Je ne m'en sers plus _____ au moins un an.

_____

d   J'espère que le gouvernement _____ bientôt une loi qui interdit les sites extrémistes.

_____

e   C'est _____ essentiel quand on travaille chez soi.

_____

f   Je trouve ça bien. Je suis toujours en train de _____ quelque chose.

_____

g   Ça _____ les jeunes à passer tout leur temps devant un écran.

_____

h   Avec Internet, je suis toujours au courant des _____ nouvelles.

_____

i   C'est une des inventions _____ importantes de notre siècle.

_____

1 Find up to 21 French prepositions in this wordsearch. What do they mean?

P	R	E	S	D	E	A	V	E	C
A	L	B	A	E	N	C	H	I	P
R	E	I	N	V	T	O	G	M	E
S	U	O	S	A	R	T	N	R	C
T	B	U	C	N	E	E	O	A	H
N	R	D	O	T	V	D	L	P	E
A	P	R	E	S	N	E	E	O	Z
V	E	D	T	E	J	U	S	U	A
A	U	B	O	R	D	D	E	R	F
S	T	E	R	E	I	R	R	E	D

1 *à* = at
2 *à côté de* = next to
3 _____
4 _____
5 _____
6 _____
7 _____
8 _____
9 _____
10 _____
11 _____
12 _____

13 _____
14 _____
15 _____
16 _____
17 _____
18 _____
19 _____
20 _____
21 _____

2 Write phrases a–e in French.

a after you (sing. informal) _____

b according to them _____

c behind him _____

d among them _____

e between us _____

3 Translate phrases a–d into French.

a by the side of the lake _____

b near the bakery _____

c next to the shops _____

d about drugs _____

4 Write six short French sentences of your choice that include prepositions – two of them in the present tense, two in the perfect tense, and the last two in the future tense.

_____

_____

_____

_____

_____

Astuce

Prepositions are little words that go in front of nouns or pronouns (they are not articles!). In English they are, for example, 'to', 'with', 'on', 'between'.

Grammaire

When prepositions are followed by an emphatic pronoun, in a phrase like 'behind him' or 'according to her', then these are the pronouns to use:

moi	*toi*	*lui*	*elle*
nous	*vous*	*eux*	*elles*

Emphatic pronouns are also called disjunctive pronouns. There is more about them on page 57.

Grammaire

À and *de* (as well as prepositions that include *à* or *de*, like *quant à*, *près de*) change when followed by *le* or *les*.

à le ⟶	*au*	*il va au cinéma*
à les ⟶	*aux*	*elle parle aux enfants*
de le ⟶	*du*	*à côté du parc*
de les ⟶	*des*	*près des voisins*

Astuce

There is more prepositions practice on page 45.

1 Translate into English these sentences containing verbs in the imperfect tense.

a Le paysage était fantastique.

_____

b On se promenait quand il a commencé à pleuvoir.

_____

c Quand j'avais treize ans, je jouais au rugby.

_____

d Avant d'avoir un ordinateur, elle écrivait des lettres presque tous les jours.

_____

e À l'âge de sept ans, il apprenait déjà le piano.

_____

Grammaire

Usually, the imperfect tense of a verb is used for:

- a description in the past, for example, 'It was interesting'.

- a continuous action in the past, for example, 'She was singing'.

- something that used to happen, for example, 'I used to like classical music'.

2 Complete the French sentences to match the English ones. Take care with the verbs.

a *He wasn't able to see where he was going.*

Il ne _____ pas voir où il _____ .

b *She used to come to school by bus.*

Elle _____ au collège en bus.

c *There were a lot of people at the cinema. It was a good film.*

Il y _____ beaucoup de gens au cinéma.

C'_____ un bon film.

d *At weekends, he used to stay at his grandparents' house.*

Le week-end, il _____ chez ses grands-parents.

e *They always came back at the same time.*

Elles _____ toujours à la même heure.

Grammaire

To form the imperfect tense, take the *nous* form of the present tense, without the *-ons* (the only exception is *être*, where you begin with *ét-* instead).

Add the correct ending from these: *-ais, -ais, -ait, -ions, -iez, -aient.*

3 On a separate sheet of paper, translate the sentences into French, using verbs in the imperfect.

a They were late.

b The weather was cold.

c His birthday was yesterday.

d At the age of four, he used to dress up as a pirate.

e There used to be a shop here.

f He was working on the computer when his friends arrived.

Topic 2: The future tense

1 While the immediate future has been used in the phrases on the left, the future tense has been used on the right. Match up a–h with 1–8. Write the correct number in the boxes.

a je vais aller   e je vais pouvoir   **1** j'aurai   **5** je viendrai

b je vais avoir   f je vais faire   **2** je verrai   **6** j'enverrai

c je vais être   g je vais venir   **3** j'irai   **7** je pourrai

d je vais voir   h je vais envoyer   **4** je serai   **8** je ferai

a	b	c	d	e	f	g	h

> **Astuce**
>
> Turn to pages 12, 21 and 22 for reminders about the immediate future and the future tense. See also the list of irregular future tense stems on page 69.

2 Use the verbs in Exercise 1 in the future tense to write simple French sentences of your choice.

_____

_____

_____

3 Use the reminders in the four *Grammaire* boxes to help you translate sentences a–l into French.

a I won't go to town.

_____

b The weather won't be nice tomorrow.

_____

c You'll never be able to win. (Use *tu*.)

_____

> **Grammaire**
>
> When you use negatives, place the two negative words around the verb in the future tense.

d There will be snow tomorrow.

_____

e There won't be a school trip this year.

_____

> **Grammaire**
>
> To change *il y a* ('there is/are') to a future tense, replace the *a* with *aura*, the future tense of *avoir*.

f There won't be anything to do.

_____

g He'll be 17 in October.

_____

h We will be very hungry.

_____

i Without your jacket, you will be cold. (Use *tu*.)

_____

> **Grammaire**
>
> Remember the expressions that take *avoir* in French when you might expect them to take *être*. They include 'to be right/wrong', 'to be hot/afraid/thirsty', 'to be X years old'.

j When we go to Paris, we'll visit the Eiffel Tower.

_____

k When they come, we will show them the town.

_____

> **Grammaire**
>
> Use the future tense after *quand* when the next clause is in the future.

l I will send you an email when I have the time. (Use *vous*.)

_____

1a 'What would you do with the prize money?' is a question frequently asked on TV quiz shows. Read five contestants' replies and answer the questions.

Amélie: Je le partagerais avec mes enfants. Ça leur donnerait un bon départ dans la vie.

Daniel: Je m'achèterais tout ce dont j'ai toujours rêvé.

Stéphanie: La moitié irait aux œuvres caritatives. Avec le reste, je ferais le tour du monde.

Romain: Je le mettrais de côté pour pouvoir payer mes études.

Mathieu: Je prendrais ma retraite tout de suite.

Who would …

a spend it all? _____

b give half to charities? _____

c set up their family for life? _____

d retire from work at once? _____

e save it for further education? _____

1b What would you do? Write a short answer in French.

_____

_____

2 Complete these sentences in your own words, using verbs in the conditional.

a Si j'avais le temps, _____ .

b S'il faisait beau, _____ .

c Si j'étais fort en sport, _____ .

d Si je réussissais mes examens, _____ .

e Si je gagnais à la loterie, _____ .

f Si je pouvais faire le métier de mes rêves, _____ .

g Si j'avais une voiture, _____ .

3 Fill in the blanks using appropriate verbs, chosen from the box, in appropriate tenses.

a Si c' _____ possible, j' _____ m'acheter une moto.

b Si je _____ le gros lot, j'en _____ la moitié à mes parents.

c Si tout le monde _____ il y _____ moins de pollution.

d Si tu _____ moins vite, tu _____ moins en essence.

e Ils _____ les cours plus faciles à suivre s'ils _____ leurs devoirs plus régulièrement.

Grammaire

To form the conditional of regular verbs, use the stem of the future tense and the endings of the imperfect tense.

je commencerais I would start

nous attendrions we would wait

As there are no exceptions to this rule, the same applies to irregular verbs: just use the stem that is used for their future tense.

aller – j'irais I would go

faire – ils feraient they would do

Grammaire

Look back at Exercise 2. You will notice this construction:

si + verb in the imperfect tense, … verb in the conditional

être	recycler	aimer
conduire	gagner	faire
donner	trouver	avoir
dépenser		

Topic 2: Adverbs

1 Work out the adverbs formed from these adjectives.

a lent _____

b habituel _____

c général _____

d principal _____

e essentiel _____

f total _____

2a Other adverbs. Put these adverbs under the correct headings and add their English meaning.

hier   ici   aujourd'hui   là-bas   d'abord   très   ~~demain~~   assez   souvent   ensuite
puis   toujours   trop   peu   d'habitude   beaucoup   enfin   après   quelquefois   parfois

adverbs of time	adverbs of place	adverbs of frequency	adverbs of sequencing	adverbs of quantity
demain *tomorrow*				

2b Write six short French sentences, on a separate sheet of paper, that include some of the adverbs you have worked out in Exercise 2a.

Example: *Elle va souvent en ville avec ses copains. Il a toujours aimé jouer au rugby.*

3 Translate the sentences into French, using irregular adverbs as explained in the *Grammaire* box.

a She works better than her brother.

_____

b Sometimes, he behaves badly.

_____

c Come quickly!

_____

d They can run very fast.

_____

e He can swim really well.

_____

1a Read this statement and circle the verbs which you would put into French in the perfect tense, and underline the verbs which you would put into French in the imperfect tense.

"I remember that my parents <u>used to take</u> me to primary school by car every morning. When I was nine, I found that embarrassing. My friends walked together to school at that point in time. For my tenth birthday, my parents gave me a bike and I used it daily after that. I was very proud of my bike. I looked after it well. I continued using it to come to school for my last year in primary school."

1b Write the French infinitive of all the verbs you have circled or underlined.

a ___*emmener*___   f _____

b _____   g _____

c _____   h _____

d _____   i _____

e _____

1c Check that your answers for Exercise 1b are correct. Then change the infinitives into the appropriate forms of the verbs for the statement in Exercise 1a.

a ___*emmenait*___   f _____

b _____   g _____

c _____   h _____

d _____   i _____

e _____

2 Based on the information given in the statement in Exercise 1a, decide whether the following sentences are true or false, or whether the information was not given. Write **V** (*vrai*), **F** (*faux*) or **ND** (*information non donnée*) in the boxes.

a Quand j'avais onze ans, je n'avais pas de vélo. ☐

b Quand j'ai commencé mes études au collège, j'y allais à vélo. ☐

c Mes copains allaient à l'école à pied quand j'avais neuf ans. ☐

d Mes copains étaient gênés parce qu'ils n'avaient pas de vélo. ☐

e Quand j'ai eu dix ans, mes parents m'ont fait un super cadeau. ☐

3 Continue and complete these sentences, using verbs in the perfect or imperfect tense with information of your choice.

a Quand j'étais à l'école primaire, _____ .

b Quand j'ai commencé mes études au collège, _____ .

c Quand j'avais douze ans, _____ .

d Quand j'ai eu quatorze ans, _____ .

e L'année dernière, pour mon anniversaire, _____ .

Grammaire

Reminder:

The **perfect tense** is a past tense, used to express actions like 'I have worked', 'I worked' or 'I did work': *j'ai travaillé*.

The **imperfect tense** is also a past tense, but it is used to express:

- a continuous or interrupted action in the past: 'I was working' – *je travaillais*.

- a habitual or repeated action in the past: 'I used to work' – *je travaillais*.

- a description of how things were: 'I was happy' – *j'étais content*.

Astuce

What is the difference between *Quand j'avais onze ans, ...* and *Quand j'ai eu onze ans, ...*? Explain it to a friend.

■ Topic 2: Demonstrative adjectives and pronouns

1 Choose the right option from the three offered each time.

a Je trouve que **ce / cet / cette** acteur est absolument fantastique.

b À mon avis, **cette / cet / ces** cinéaste est la meilleure.

c **Ce / Cet / Ces** arrangements musicaux sont ceux que je préfère.

d Je ne comprends pas pourquoi **ce / cet / cette** chanteuse a tant de succès.

e Tout **ce / cet / cette** argent que tu as dépensé en fringues, c'est fou, non?

Grammaire

Demonstrative adjectives are words that mean 'this/that', 'these/those'.

In French, use *ce* before a masculine noun, *cet* before a noun that is masculine and starts with a vowel or a silent 'h', *cette* before a feminine noun, *ces* before a noun in the plural.

Grammaire

Demonstrative pronouns are words that mean 'this one' or 'these ones'. They refer to nouns or pronouns that are masculine or feminine, singular or plural.

masc. sing.	fem. sing.	masc. pl.	fem. pl.
celui-ci	celle-ci	ceux-ci	celles-ci

Change *-ci* to *-là* to indicate 'that one' or 'those ones', rather than 'this/these'.

2 Fill in the gaps using demonstrative pronouns. Each time, the answer can end with *-ci* or *-là*. Underline the words that helped you decide which demonstrative pronoun to use.

a Je préfère _____ . Elles sont bien mieux que les autres.

b Laquelle vas-tu prendre? _____

c _____ est très à la mode en ce moment. Je vous le recommande.

d Tu préfères ces chaussures-ci ou _____?

e À ta place, j'achèterais _____ . Je la trouve jolie.

3 Use demonstrative pronouns followed by *qui*, *que*, *qu'* or *dont* to complete these sentences.

a _____ _____ est en vitrine. Regarde! Il est super, non?

b _____ _____ on a lus sont très intéressants.

c _____ _____ vous avez choisis sont beaux.

d _____ _____ tu as vu est vraiment bien.

e _____ _____ j'ai envie est trop chère.

Grammaire

Demonstrative pronouns with *qui, que, qu', dont* are used to say 'the one (or the ones) who/which/that':

Celui que j'ai vu était super. The one I saw was great.

Ceux qui mangent trop risquent de devenir gros. Those who eat too much could get fat.

Use *celui, celle, ceux* or *celles*, followed by *qui, que, qu', dont*:

- *qui* refers to the <u>subject</u> of a sentence and is generally followed by a verb: *celui qui est devant toi* (the one that/who is in front of you).

- *que* or *qu'* refers to the <u>object</u> of a sentence and is often followed by a noun or a pronoun: *celle que j'ai rencontrée** (the one that/whom I met).

- *dont* also replaces the <u>object</u> of the sentence and is used with verbs followed by *de* (*parler de, avoir besoin de, avoir envie de,* etc.): *celui dont tu parles est très bien* (the one you are talking about is very good).

Astuce

* This past participle, *rencontrée*, has an extra -e to agree with its <u>preceding direct object</u> – *celle*. This rule applies to verbs that take *avoir* in the perfect tense. More about this on page 46. The past participles in parts b and c of Exercise 3 have plural agreements for the same reason.

1 Write a–h in French.

a he said _____

b they announced _____

c she explained _____

d he admitted _____

e we replied _____

f they declared _____

g her brother answered _____

h my friend (m) promised _____

Grammaire

Direct speech is used in sentences like this one:

He said: 'We will leave at eight o'clock'.

Il a dit: 'Nous partirons à huit heures'.

In French, it involves verbs such as *dire, affirmer, constater, déclarer, répondre, avouer, confirmer, admettre, annoncer, promettre.* These are often in the perfect tense.

Grammaire

Note that, when phrases such as these occur at the end of a sentence, an inversion is necessary; so *il dit* becomes *a-t-il dit.*

Nous partirons à huit heures, a-t-il dit.

Note also that *-t-* has been inserted between *a* and *il.* This only occurs with *il a, elle a* and *on a*, when they are inverted, to make them easier to say.

When a noun instead of a pronoun is used (as in g and h in Exercise 1), the inversion takes a different format:

sa sœur a dit would become *a dit sa sœur.*

2 Rewrite the answers you gave in Exercise 1 but this time with an inversion.

a _____   e _____

b _____   f _____

c _____   g _____

d _____   h _____

Grammaire

direct speech	⟶	indirect speech (or reported speech)

He said: I will do the washing up later.
They announced: We're going to get engaged.

He said that he would do the washing up later.
They announced that they were going to get engaged.

In French:

Il a dit: Je ferai la vaisselle plus tard.
Ils ont annoncé: Nous allons nous fiancer.

Il a dit qu'il ferait la vaisselle plus tard.
Ils ont annoncé qu'ils allaient se fiancer.

Note what has happened to those subject pronouns and verbs:

I will do (future tense)
we are going (present tense)

he would do (conditional)
they were going (imperfect tense)

3 Change these sentences from direct to indirect (reported) speech.

a Elle a confirmé: J'irai au cinéma ce soir. _____

b Ils ont répondu: Nous ne pouvons pas venir. _____

c Il a déclaré: Je vais me marier. _____

d Elle a admis: C'est de ma faute. _____

e Il a expliqué: J'arrangerai ça demain. _____

Topic 2: Forming questions

Grammaire

Questions in French are formed by:

- raising your voice at the end of a statement: *Tu aimes les fruits?*

- adding *est-ce que* at the front of a statement: *Est-ce que tu aimes les fruits?*

- inverting pronoun and verb: *Aimes-tu les fruits?*

- using question words such as *pourquoi, quand, où*.

1 These are the most common question words. Write their English meaning.

a que _____

b qui _____

c où _____

d quand _____

e comment _____

f pourquoi _____

g quel, quelle, quels, quelles _____

h lequel, laquelle, lesquels, lesquelles _____

i combien _____

j à quoi, de quoi _____

k combien de temps _____

l dans quelle mesure _____

2 Complete these questions by adding appropriate question words.

a _____ vas-tu?

b _____ veux-tu? Celui-ci?

c À _____ penses-tu?

d _____ fais-tu ce soir?

e _____ y allons-nous? En voiture?

f _____ ne pouvons-nous pas y aller? À cause de la pluie?

g _____ chaussures vas-tu mettre? Celles-là?

h _____ est-ce que tu en prends? Deux ou trois?

Astuce

Apart from *quel(le)(s)*, these question words can be followed by inverted verb-subject, or by *est-ce que* and subject + verb as per normal word order.

Où veux-tu aller? Où est-ce que tu veux aller?

3 Ask the questions that generated these answers. The underlined words indicate what the questions should focus on.

a _____?

Ils vont se marier le <u>dix octobre.</u>

b _____?

<u>Parce qu</u>'il y a un bon film en ce moment. (Use *tu*.)

c _____?

Cette année, on ira en vacances <u>en Espagne.</u> (Use *vous*.)

d _____?

Demain, je vais me lever à <u>sept heures.</u> (Use *tu*.)

e _____?

Je préfère <u>les pommes.</u> (Use *tu*.)

f _____?

J'en ai quatre – <u>deux frères</u> et <u>deux sœurs.</u> (Use *tu*.)

Grammaire

The subjunctive is a form of the verb that follows certain expressions such as *bien que, il faut que, je veux que ...*

The present subjunctive endings are: *-e, -es, -e, -ions, -iez, -ent*.

The stem of the verb is taken from the *ils/elles* form of the present tense, without the *-ent*:

finir – ils finissent – finiss- – je finisse

1 Tick the verbs that are correct subjunctive forms.

a finisses ☐   d vende ☐

b attende ☐   e choisissez ☐

c comprenons ☐   f réponds ☐

2a Find five pairs of sentences with the same meaning.

a Je veux que tu viennes avec moi.

b Si tu veux rester sain, surveille ton régime.

c Je crois qu'ils vont échouer.

d Je ne pense pas qu'elle reste célibataire.

e Bien qu'il pleuve, ils vont sortir.

1 Elle va certainement se marier.

2 Accompagne-moi, s'il te plaît.

3 Il ne faut pas que tu manges trop de matières grasses.

4 En dépit du temps, ils ne vont pas rester chez eux.

5 Je ne suis pas certain qu'ils réussissent.

a	b	c	d	e

2b Circle the five verbs used in the subjunctive.

2c Underline the expressions that triggered the use of the subjunctive.

3 Translate the sentences into English.

a Je ne crois pas qu'il puisse y aller.

_____

b Bien qu'elle ait raison, ses parents ne sont pas d'accord avec elle.

_____

c Je ne suis pas sûre qu'il veuille venir.

_____

d Bien qu'il fasse de son mieux, il trouve les maths difficiles.

_____

e Je ne pense pas qu'elle sache parler allemand.

_____

f Il faut qu'il soit au travail à huit heures.

_____

Grammaire

Here are some key expressions that must introduce a verb in the subjunctive:

bien que	although
quoique	although
il faut que	it is necessary that
vouloir que	to want someone to do something

and expressions of doubt:

je ne pense pas que
je ne crois pas que
je ne suis pas sûr que
je ne suis pas certain que
je doute que

Grammaire

Some key verbs are irregular in the subjunctive. Memorise these ones as they are very useful and crop up often.

aller – j'aille, tu ailles, il aille, nous allions, vous alliez, ils aillent

avoir – j'aie, tu aies, il ait, nous ayons, vous ayez, ils aient

être – je sois, tu sois, il soit, nous soyons, vous soyez, ils soient

faire – je fasse, tu fasses, il fasse, nous fassions, vous fassiez, ils fassent

pouvoir – je puisse, tu puisses, il puisse, nous puissions, vous puissiez, ils puissent

savoir – je sache, tu saches, il sache, nous sachions, vous sachiez, ils sachent

vouloir – je veuille, tu veuilles, il veuille, nous voulions, vous vouliez, ils veuillent

Astuce

There is more practice of the subjunctive on pages 43 and 60.

1 From the subjectives given, write all the other verb forms under the column headings.

subjunctive	present	perfect	imperfect	future	conditional
a *j'aie*	j'ai	j'ai eu	j'avais	j'aurai	j'aurais
b *tu ailles*					
c *vous fassiez*					
d *nous soyons*					
e *il puisse*					
f *elles veuillent*					
g *elle sache*					

2 Complete conversations a, b and c by using words from the box on the right.

a – _____ chaussures veux-tu? _____ - _____? ou _____ - _____?

  – Je préfère _____ _____ on a vues dans l'autre magasin.

b – _____ raisin préfères-tu? Le blanc ou le noir?

  – Ça m'est égal mais j'aime _____ _____ n'a pas de pépins.

c – Tu aimes _____ fruits?

  _____ - _____ sont trop acides et me font mal à l'estomac. _____ _____ je ne peux vraiment pas supporter, c'est le pamplemousse.

quel	ceux	ci	qui
quelle	celles	là	que
quels	celui		qu'
quelles	celle		dont

3 Match up a–f with 1–6. Write the correct number in the boxes.

Dans la question	Dans la réponse
a pourquoi	**1** un nombre
b comment	**2** une raison
c quand	**3** une personne
d combien	**4** transport
e où	**5** date/jour/heure
f qui	**6** un endroit

a		b		c		d		e		f	

4 Use five of the question words in Exercise 3 to ask five different questions using five different tenses.

_____

_____

_____

_____

_____

AQA French AS © Oxford University Press. Photocopying prohibited.

1a Lisez ces extraits d'interviews sur la mode et remplissez les blancs en choisissant des mots de la case à droite. Attention! Il y a deux mots de trop.

complètement	dois
mettais	qu'est-ce que
m'habillais	celles qui
ceux qui	quel

a « Moi, la mode, je _____ dire que ça m'intéresse assez, et si on cherche bien, on n'est pas obligés de dépenser une fortune pour trouver des fringues cool. » ☐

b « Pour moi, ce n'est pas pareil. Je m'en fiche _____ . Je mets ce qui me plaît et ce qui me va bien. » ☐

c « Quand j'étais plus jeune, je _____ à la mode. J'adorais voir quelles étaient les dernières tendances. Il faut avouer qu'il y a longtemps que je ne fais plus ça. » ☐

d « _____ sont trop vieux pour s'habiller à la mode sont souvent un peu ridicules. À mon âge, c'est plutôt bien. On a l'impression de faire partie d'un groupe. » ☐

e « Être à la mode, _____ ça veut dire? Ressembler à tout le monde? Très peu pour moi, merci. » ☐

f « _____ en est le but? Certains disent que c'est de montrer aux autres qu'on est à la page. Pour moi, c'est une façon d'exprimer sa personnalité et c'est pour ça que je la suis de près. » ☐

1b Relisez les extraits d'interviews. Si l'attitude de la personne interviewée envers la mode est positive, écrivez **P** dans les petites cases; si elle est négative, écrivez **N**; si elle est positive **et** négative, écrivez **P/N**.

2 Remplissez les blancs en écrivant la forme correcte des verbes donnés entre parenthèses.

Les jeunes et l'argent

a Quand j' _____ à l'école primaire, on ne me donnait pas d'argent de poche. (**être**)

b Depuis mon anniversaire, je _____ dix livres par semaine de mes parents. (**recevoir**)

c Pour Noël cette année, mes grands-parents me _____ cinquante livres. (**donner**)

d Mon frère jumeau et moi _____ des super cadeaux pour notre anniversaire la semaine dernière. (**avoir**)

e Si j'avais un petit boulot, je _____ m'acheter tout ce que je veux. (**pouvoir**)

f Cette semaine, je ne _____ pas dépenser tout mon argent. (**aller**)

g La raison pour laquelle je _____ de prendre ces chaussures est qu'elles étaient en solde. (**venir**)

h Il faut que je _____ des économies. (**faire**)

Topic 3: The past historic

1 Read this account and underline the verbs used in the past historic.

> Lorsqu'ils arrivèrent, ils <u>se rendirent</u> tout de suite compte que
> personne n'était là pour les accueillir. Ils contactèrent l'agence
> immédiatement mais il était trop tard. Le bureau était fermé.
> Heureusement, ils avaient le numéro du propriétaire. Ils décidèrent
> donc de lui téléphoner. Celui-ci arriva dans la demi-heure, s'excusa au
> nom de l'agence et leur ouvrit la porte de la maison où ils passèrent
> une semaine très agréable.

Grammaire

The **past historic tense** is the literary equivalent to the perfect tense. Although it is not used in speech, you will encounter it when you are reading French.

After removing the infinitive ending, all -er verbs take the following endings: -ai, -as, -a, -âmes, âtes, èrent.

For regular -ir and -re verbs, the endings are: -is, -is, -it, -îmes, -îtes, -irent.

Many irregular verbs take these endings: -us, -us, -ut, -ûmes, -ûtes, -urent.

Although the stem of verbs in the past historic tense can be irregular, there are no irregular endings.

2 Irregular verbs in the past historic tense. Can you write the correct infinitive next to these verbs? Choose your answers from the box.

a il crut _____

b elle dut _____

c nous bûmes _____

d il naquit _____

e elles vinrent _____

f ils firent _____

g il eut _____

h ils purent _____

i elles mirent _____

j il fut _____

k ils prirent _____

l elle vécut _____

m elle vit _____

venir	avoir	vivre	être	pouvoir	devoir	prendre
croire	faire	voir	boire	mettre	naître	

3 Change all the verbs given in Exercise 2 from the past historic to the perfect tense and write what they mean.

Example: **a** *il crut – il a cru = he believed*

b elle dut _____ _____

c nous bûmes _____ _____

d il naquit _____ _____

e elles vinrent _____ _____

f ils firent _____ _____

g il eut _____ _____

h ils purent _____ _____

i elles mirent _____ _____

j il fut _____ _____

k ils prirent _____ _____

l elle vécut _____ _____

m elle vit _____ _____

1 Rewrite the sentences using direct object pronouns.

Example: *Il cherche son frère en ville. Il le cherche en ville.*

a Il rencontre sa copine à la gare.

_____

b J'envoie ces lettres aujourd'hui.

_____

c Elle ne supporte pas cette émission.

_____

d Il fait ses devoirs régulièrement.

_____

e Il doit me voir, accompagnée de ma sœur, à neuf heures.

_____

2 Write five French sentences of your choice. Each sentence should include a verb in the **present** tense and a direct object pronoun. Use some of the verbs in the box if you wish.

Example: *Ses devoirs? Il les fait tous les soirs.*

a Sa voiture? _____

b La télé? _____

c Son portable? _____

d Sa copine? _____

e Leurs clés? _____

| conduire | regarder | utiliser | voir | perdre |
| rencontrer | laisser | prendre | | |

3 Translate a–e into French.

a Don't do it! _____

b Do it! _____

c Listen to them! _____

d Your bike is filthy. Clean it, please. _____

e Thief! Stop him! _____

Grammaire

Direct object pronouns replace the object of the sentence:

Tu aimes les gâteaux? Bien sûr, je les adore.

Direct object pronouns are:
me te le la l' nous vous les

They are placed immediately before the verb concerned.

Where two verbs are involved, the pronoun is placed before the second verb (the infinitive):

Je dois le faire.

With compound tenses, such as the perfect tense, they are placed before the auxiliary (*avoir* or *être*):

Je les ai mangés. *

Astuce

* This past participle, *mangés*, has an extra *-s* to agree with its preceding direct object – *les*. This rule applies to verbs that take *avoir* in the perfect tense. More about this on page 46.

Grammaire

When used with an imperative that is negative, e.g. 'Don't look at it!', the object pronoun is placed before the verb:

Ne le regarde pas!

However, if the imperative does not involve negatives, e.g. 'Look at it!', the object pronoun is placed after the verb, and linked to it with a hyphen:

Regarde-le!

Topic 3: Indirect object pronouns and order of pronouns

1 Write the English meaning of these sentences.

a Ils ne me permettent pas d'emprunter de l'argent.

_____

b Elle lui a dit de me téléphoner.

_____

c Comme elle ne leur fait pas confiance, elle ne leur donne pas de clé.

_____

d Je lui ai demandé de m'écrire.

_____

e Il m'a confirmé qu'il m'enverrait un mail.

_____

2 Rewrite the sentences using indirect object pronouns.

a Il téléphone à ses amis.

_____

b Elle va donner cent euros à son fils.

_____

c Il a dit à Luc de leur envoyer une carte postale.

_____

d Ils ont demandé des bonbons à leur grand-mère.

_____

e Prêtez vos jouets à vos cousins, s'il vous plaît.

_____

3 Reorder the words to form French sentences that make sense. Add capital letters and hyphens where necessary.

a il a l' me donné _____

b lui elle enverra la _____

c le ils leur emprunteront _____

d le écrivez lui _____

e l' confirmé ils ont nous _____

4 On a separate sheet of paper, rewrite a–e using both direct and indirect object pronouns in each sentence.

a Lucie a lu le livre à son petit frère.

b Henri a expliqué le problème à sa copine.

c Elle vend sa voiture à son voisin.

d Il va prêter son vélo à son amie.

e Il veut dire la vérité à ses parents.

Grammaire

Indirect object pronouns are used to say 'to me, to you, to him, to her, to us, to them'. The French pronouns are: _me, te, lui, nous, vous, leur_. With regards to their position in a sentence, they follow the same rules as direct object pronouns (see page 39).

Be aware that indirect object pronouns are used with several verbs that are followed by a direct object in English (i.e. 'him', 'her') but by an indirect object in French. They include _donner, dire, téléphoner_.

Grammaire

When direct and indirect object pronouns are used in the same sentence, the order in which the pronouns are used is as follows:

me te nous vous	le la l'	lui leur

Reminder: the indirect object pronouns are placed before the verb when the imperative is used in a negative sentence:

Ne lui parlez pas!

However, they are placed after the verb (and preceded by a hyphen) when it's a straightforward imperative:

Envoyez-lui un mail.

Astuce

More details and more practice on page 58.

1 Match phrases a–j with their English equivalents (1–10). Write the correct number in the boxes.

a nous avions pris ☐   1 she had read

b elle avait lu ☐   2 they had been

c j'avais eu ☐   3 he had known

d il avait su ☐   4 we had taken

e ils avaient été ☐   5 I had had

f elles avaient dû ☐   6 he had lived

g il avait vécu ☐   7 you had come

h elle s'était réveillée ☐   8 we had become

i vous étiez venus ☐   9 she had woken up

j nous étions devenues ☐   10 they had had to

2 Make sentences a–e negative.

Example: *J'avais vu Zoë. – Je n'avais pas vu Zoë.*

a Ils avaient fait la vaisselle.

_____

b Elle avait pris le train.

_____

c J'avais lu ce livre.

_____

d Il avait trouvé les problèmes difficiles.

_____

e Ils avaient vendu leur voiture.

_____

3 Complete sentences a–e with your own ideas: start with a past participle to follow the auxiliary verb given.

a Elle lui a dit qu'elle avait _____ .

b Ils nous ont raconté qu'ils avaient _____ .

c Je leur ai expliqué pourquoi j'étais _____ .

d Comme elle n'avait pas _____ .

e Jusqu'à maintenant, je n'avais jamais _____ .

Grammaire

The pluperfect tense is a compound tense. It is made up of the imperfect tense of *avoir* or *être* followed by a past participle.

Reminders:

- the endings of the imperfect tense are: *-ais, -ais, -ait, -ions, -iez, -aient*.

- the *je* form of *avoir* in the imperfect is *j'avais*.

- *j'étais* is the *je* form of *être* in the imperfect.

The pluperfect tense is used to say that something 'had happened'.

*Ils m'ont dit qu'ils **avaient passé** deux semaines en Espagne.* They told me that they had spent two weeks in Spain.

*Ils y **étaient allés** en avion.* They had gone there by plane.

Grammaire

When used in conjunction with negatives, the rules that applied to the perfect tense also apply to the pluperfect tense.

Il n'avait pas fait ses devoirs. Il n'était pas arrivé. Il n'avait vu personne.

So the negative expression goes around the auxiliary verb, except for *ne … personne* which goes around the auxiliary and past participle.

1 Change a–e into negative sentences, using *ne ... pas*.

a Ils les aiment beaucoup.

_____

b Elle m'écrit tous les mois.

_____

c Je la leur prête tous les samedis.

_____

d Il va leur envoyer de l'argent.

_____

e Il le lui demandera.

_____

2 Translate a–e into French. The work is half done for you, but all the vowels are missing, so write the words out in full.

a *I haven't met him.*   J n l' ps rncntr

_____

b *He hasn't sent it to her.*   l n l l ps nvy

_____

c *She hasn't recounted it to me.*   ll n m l' ps rcnt

_____

d *They haven't confirmed it to us.*   ls n ns l'nt ps cnfrm

_____

e *You haven't phoned them.*   vs n lr vz ps tlphn

_____

3 Translate a–f into French.

a No one has seen him. _____

b I prefer not to meet her. _____

c Don't you watch it every night? (Use *tu*.) _____

d No one understands what she says. _____

e I would prefer not to phone them. _____

f Don't you know her? (Use *vous*.) _____

Grammaire

In sentences that include object pronouns and negatives, the *ne* is placed immediately after the subject of the sentence and the *pas* immediately after the verb.

Grammaire

Compound tenses are tenses that are made up of more than one word and include an auxiliary (part of *avoir* or *être*): so compound tenses are the perfect tense, the future perfect, the pluperfect, and so on.

With these, the rule is different. The *ne* is still placed immediately after the subject of the sentence, but *pas, rien, jamais* are placed immediately after the auxiliary verb:

*Je **ne** le lui ai **pas** dit.*

Astuce

Just to be difficult!

• 'No one' at the start of a sentence is *Personne ne*:

No one has told them about it. ***Personne ne** le leur a dit.*

• To translate 'not to' + infinitive, use *ne pas* + infinitive:

I intend not to do my homework. *J'ai l'intention de **ne pas faire** mes devoirs.*

• In questions with an inversion, note where the *ne* and the *pas* are placed:

Don't you see him regularly? ***Ne** le vois-tu **pas** régulièrement?*

1 Underline the verbs used in the subjunctive and translate the sentences into English.

a Bien qu'ils partent toujours à l'heure, ils arrivent souvent en retard.

_____

b Je ne pense pas qu'elle rentre avant minuit.

_____

c Je ne crois pas qu'ils s'entendent bien.

_____

d Bien qu'il tombe de vélo assez souvent, d'habitude il ne se fait pas mal.

_____

e Mon professeur n'est pas sûr que je réussisse mon examen.

_____

2 For each sentence, add a suitable French phrase that justifies the use of the subjunctive. Write a different phrase for each sentence.

a _____ ce soit cher, il l'a acheté.

b _____ elle puisse y aller.

c _____ ils passent ce film en ce moment.

d Le professeur _____ nous finissions ce projet avant les vacances.

e _____ neige, il est sorti avec ses copains.

3 Complete a–e with the subjunctive of the verbs given in brackets.

a Bien qu'il _____ beau, on n'ira pas à la plage aujourd'hui. (**faire**)

b Je ne veux pas que tu _____ avec ce garçon. (**sortir**)

c Je ne pense pas qu'on _____ le temps d'aller en ville. (**avoir**)

d Si tu veux un bon travail plus tard, il faudra que tu _____ à l'université. (**aller**)

e Je doute qu'il _____ assez intelligent pour devenir avocat. (**être**)

4 On a separate sheet of paper, translate a–e into French.

a I don't believe you know her. (Use _tu_.)

b Although he is intelligent, I don't think he understands this problem.

c I don't think you are right. (Use _vous_.)

d I am not certain that he can finish his work on time.

e I don't want you to go on holiday with your friends this year. (Use _tu_.)

Astuce

You practised the subjunctive on page 35; there is more on page 60, as well as on this page.

Grammaire

The subjunctive is required after:

- _bien que, quoique_
- _vouloir que, aimer que, préférer que_
- expressions of uncertainty, such as _je ne pense pas que, je ne crois pas que, je doute que, je ne suis pas sûr/certain que._

It is formed from the stem of the _ils/elles_ form of the present tense minus the -_ent_. Add these endings: -_e, -es, -e, -ions, -iez, -ent._

The most common irregular verbs used in the subjunctive are:

**aller**: aille, ailles, aille, allions, alliez, aillent

**avoir**: aie, aies, ait, ayons, ayez, aient

**être**: sois, sois, soit, soyons, soyez, soient

**faire**: fasse, fasses, fasse, fassions, fassiez, fassent

**pouvoir**: puisse, puisses, puisse, puissions, puissiez, puissent

**savoir**: sache, saches, sache, sachions, sachiez, sachent

**vouloir**: veuille, veuilles, veuille, voulions, vouliez, veuillent.

■ Topic 3: *faire* + infinitive

❚ Read the sentences and decide each time whether *faire* means:

- to <u>have it done</u>   • to <u>make it happen</u>
- to <u>do or make</u> something (i.e. the more basic use of *faire*).

Write HID, MIH or DOM for each one.

a   Mes parents me font finir mes devoirs avant le dîner.   _____

b   On fait repeindre la façade.   _____

c   Elle fait de la peinture.   _____

d   Je vais me faire couper les cheveux.   _____

e   Ma mère me fait ranger ma chambre.   _____

> ### Grammaire
>
> When *faire* is followed by a verb in the infinitive, the sentence means that something is being done for someone:
>
> *J'ai fait réparer ma voiture* – I had my car repaired (as opposed to repairing it myself – *J'ai réparé ma voiture*).
>
> It can also mean that someone is making (forcing) someone else do something:
>
> *Je l'ai fait travailler.* I made him work.

❚ In this type of construction, the verb *faire* can, of course, be used in different tenses. Rewrite the five sentences in Exercise 1 in French, using the following tenses.

a   the future   _____

b   the conditional _____

c   the imperfect   _____

d   the future   _____

e   the perfect   _____

3 On a separate sheet of paper, change sentences a–e so that the subject does not do what the verb suggests, but it is done to or for them instead.

Example: *J'ai réparé mon ordinateur. – J'ai fait réparer mon ordinateur.*

a   J'ai construit une maison.

b   Il s'est rasé.

c   Ils ont installé une nouvelle cuisine.

d   Pour leur mariage, ils ont fait beaucoup de photos.

e   Elle a repeint son studio.

4 Complete sentences a–e using the correct form of *faire*. Take care! Each sentence requires a different tense of *faire*: perfect, imperfect, subjunctive, future or conditional.

a   Il faut que nous _____ venir l'électricien.

b   S'il était plus riche, il _____ bâtir une maison.

c   Demain, elle _____ voir sa moto au mécanicien.

d   Quand il était petit, il _____ toujours faire ses devoirs par son (grand) frère.

e   Ils ne l'ont pas fait eux-mêmes. Ils l' _____ faire.

> ### Astuce
>
> Note that, when a sentence includes the verb *faire* twice, only the first *faire* is conjugated. The second *faire* remains as an infinitive.
>
> *Je le ferai faire.* I will have it done.
>
> *J'ai fait faire le travail par mon frère.* I had the work done by my brother.
>
> (See 3d, 4d and 4e for examples of this.)

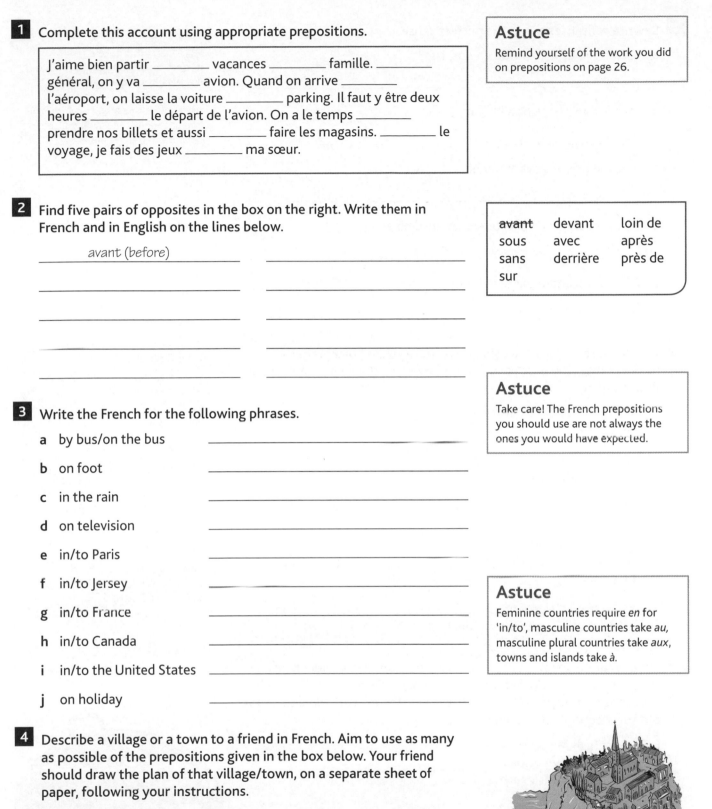

1 Complete this account using appropriate prepositions.

J'aime bien partir _____ vacances _____ famille. _____
général, on y va _____ avion. Quand on arrive _____
l'aéroport, on laisse la voiture _____ parking. Il faut y être deux
heures _____ le départ de l'avion. On a le temps _____
prendre nos billets et aussi _____ faire les magasins. _____ le
voyage, je fais des jeux _____ ma sœur.

Astuce
Remind yourself of the work you did
on prepositions on page 26.

2 Find five pairs of opposites in the box on the right. Write them in
French and in English on the lines below.

avant	devant	loin de
sous	avec	après
sans	derrière	près de
sur		

_____ avant (before) _____   _____

_____   _____

_____   _____

_____   _____

Astuce
Take care! The French prepositions
you should use are not always the
ones you would have expected.

3 Write the French for the following phrases.

a by bus/on the bus   _____

b on foot   _____

c in the rain   _____

d on television   _____

e in/to Paris   _____

f in/to Jersey   _____

g in/to France   _____

h in/to Canada   _____

i in/to the United States _____

j on holiday   _____

Astuce
Feminine countries require *en* for
'in/to', masculine countries take *au*,
masculine plural countries take *aux*,
towns and islands take *à*.

4 Describe a village or a town to a friend in French. Aim to use as many
as possible of the prepositions given in the box below. Your friend
should draw the plan of that village/town, on a separate sheet of
paper, following your instructions.

Example: *C'est un village au bord de la mer. Au centre, il y a une église
entourée d'une grande place. En face de l'église, on peut voir un
restaurant, ...*

devant	derrière	près de	loin de
à côté de	en face de	sur	avec
entre	au centre	au bord de	entouré de
de	d'un côté	dans	à

Topic 3: Perfect tense agreements

1 Rewrite sentences a–e in the perfect tense.

a Est-ce que tu vas en ville en bus, Luc?

_____

b Mes parents arrivent à l'heure.

_____

c Nous rentrerons avant minuit.

_____

d Ta petite amie et toi, vous sortez ensemble?

_____

e Elle ne descendra pas le voir ce week-end.

_____

Grammaire

With verbs that take *être* in the perfect tense, the past participle always has to agree with the subject. Add an *-e* to the past participle if the subject is feminine, add an *-s* if it is masculine plural or *-es* if it is feminine plural.

2 Complete sentences a–e using the verbs given in brackets in the perfect tense. The past participles all need to agree with a preceding direct object.

a Hélène et Isabelle? Oui, on les _____ _____ .
(**rencontrer**)

b La croisière que nous _____ _____ était très sympa. (**faire**)

c Les CD que tu m'_____ _____? (**prêter**) Oui, je les

_____ _____ . (**écouter**)

d La voiture qu'il _____ _____ est très rapide.
(**louer**)

e Les livres que le prof nous _____ _____ sont vraiment utiles. (**recommander**)

Grammaire

Similar agreements are required with the verbs that take *avoir* in the perfect tense, when the direct object of the sentence is placed before the verb in French. In both the following examples, the past participle *vu* has an extra *-s* to agree with the plural direct object that precedes it in the sentence.

Les deux derniers films qu'on a vus étaient super. The direct object is *films*, and *vus* has to agree with it.

On les a vus la semaine dernière. The direct object is *les*, and again *vus* has to agree with it.

3 On a separate sheet of paper, answer questions a–e in French, using the perfect tense and direct object pronouns. Give two replies each time, one starting with *Oui, …* , the other starting with *Non, …* . Look out for preceding direct objects!

Example: *Tu as fait tes devoirs?*
Oui, je les ai faits.
Non, je ne les ai pas faits.

a Tu as fini ton livre?

b Tu as entendu la sonnerie?

c Est-ce que tu as mis ton uniforme scolaire?

d Tu as regardé la télé hier soir?

e Est-ce que tu as goûté les plats locaux quand tu étais en Espagne?

1 Complete sentences a–e by choosing an appropriate verb from the box and using its present participle.

a En _____ le code de la route, les gens sont plus en sécurité.

b Il se maintient en forme en _____ une longue promenade tous les jours.

c Ils se tiennent au courant des nouveautés du cinéma en _____ voir un nouveau film chaque semaine.

d En _____ à jouer au golf, il s'est fait beaucoup d'amis.

e Il peut contacter qui il veut quand il veut en _____ de son portable.

> vouloir   respecter
> apprendre   faire
> se servir   aller
> retourner   pouvoir

Grammaire

The **present participle** is used to say 'while/by doing ...'. In French, use *en* followed by the verb in the present participle.

To form the present participle of the verb, use the *nous* form of the present tense and change the *-ons* to *-ant*: *en arrivant, en faisant*.

Grammaire

The **perfect infinitive** is used to say 'after doing ...'.

In French, use *après avoir* followed by the past participle (for verbs that take *avoir* in the perfect tense):

Après <u>avoir regardé</u> la télé, il est allé se coucher.
After watching (After having watched) TV, he went to bed.

2a Reorder the words so that each half-sentence makes sense.

a avoir ses pris médicaments Après

b avoir sa Après vendu voiture

c gagné Après le match avoir

d de ses eu Après nouvelles avoir

e Après fumé toute sa avoir vie

1 au ont victoire fêté ils leur café

2 été ils rassurés ont

3 mieux senti s'est il

4 mort cancer il d'un est

5 il moto acheté une a

a _____

b _____

c _____

d _____

e _____

1 _____

2 _____

3 _____

4 _____

5 _____

2b Now, match up a–e with 1–5 to make meaningful sentences. Write the correct number in the boxes.

a [ ]   b [ ]   c [ ]   d [ ]   e [ ]

3 On a separate sheet of paper, rewrite a–e, starting each sentence with *Après*.

Example: *Ils sont allés au cinéma. Plus tard, ils sont sortis en boîte. – Après être allés au cinéma, ils sont sortis en boîte.*

a Elle est rentrée de son séjour en France. Maintenant, elle parle mieux le français.

b Ils sont devenus champions d'Europe mais maintenant, ils ne font plus de compétitions.

c Elle s'est blessée. Maintenant, elle a abandonné le ski.

d Ils sont restés un an en France et maintenant, ils veulent y habiter.

e Elle est tombée de vélo et maintenant, elle a peur de s'en servir.

Grammaire

For the **perfect infinitive** of verbs that take *être* in compound tenses, use *après être* followed by the past participle.

Reminder: the past participle has to agree with the subject of the sentence.

Après <u>être montée</u> à sa chambre, elle s'est vite endormie. After going up to her room, she fell asleep quickly.

1 Complete these sentences in your own words, taking care with the forms of the verbs you use.

a Il faut que tu _____ .

b J'aurais bien aimé que _____ .

c Après avoir _____ .

d Je ne crois pas que _____ .

e Je pense que _____ .

f Après être _____ .

g Bien que _____ .

h Il ne faut absolument pas que _____ .

i Ils ne veulent pas que _____ .

j En _____ant, _____ .

2a Identify the infinitive and the tense or mood of each of these verbs.

Example: *voudrions – the <u>nous</u> form of the conditional of <u>vouloir</u>*

a furent _____

b eut _____

c puisse _____

d iraient _____

e aies _____

f sois _____

g saches _____

h mîmes _____

i ailles _____

j diriez _____

2b Use the ten verbs above in French sentences of your choice.

a _____ f _____

b _____ g _____

c _____ h _____

d _____ i _____

e _____ j _____

3 « *On joue au pendu?* » Have a game of Hangman with your partner. Use French verb forms, e.g. *auraient, voulais*.

4 In these sentences, underline verbs used in the past historic, circle verbs in the imperfect, and put a box around verbs in the subjunctive.

    a Je ne voulais pas qu'elle y aille toute seule.

    b Bien qu'il ait peur de la rencontrer, il ira tout de même au rendez-vous.

    c Il fit le tour du jardin et de toute la maison et se rendit vite compte que le prix que le propriétaire en demandait était trop élevé.

    d Elle ne voulait pas qu'il la prenne sans l'avoir consultée.

5a Read the clues and make an educated guess – in French – at what is being described.

    a Je les fais le soir avant de manger. Comme ça, après, je peux faire ce que je veux.

    _____

    b C'est un pays que j'adore. Je l'ai déjà visité trois fois. Il est situé à côté de la France et de la Sicile.

    _____

    c Je l'utilise souvent pour contacter mes copains. En effet, en ce moment, mon portable ne marche pas.

    _____

    d Je les mets quand il y a trop de soleil. Sinon, je trouve que le soleil me fait mal aux yeux.

    _____

    e Je l'étudie parce que je pense qu'il est important de savoir parler une langue étrangère et aussi parce que j'adore la France.

    _____

5b On a separate sheet of paper, write similar clues yourself, using object pronouns. Ask your partner to work out the solutions.

6 Replace the direct and indirect objects of these sentences with pronouns. Take care with agreements!

Example: _Il a envoyé la lettre à sa mère. – Il la lui a envoyée._

    a Elle a prêté sa veste à sa sœur.

    _____

    b Il a montré son permis de conduire au gendarme.

    _____

    c Elles ont donné ces fleurs à leurs parents.

    _____

    d Il a dit la vérité à sa copine.

    _____

    e Il expliquera les règles du jeu à son frère.

    _____

1a Lisez cet article et répondez aux questions.

L'alcool chez les jeunes

Le ministre de la Santé a dévoilé hier ses plans de lutte contre les phénomènes d'alcoolisation chez les jeunes. Ce plan est constitué de trois mesures principales:

- L'interdiction de la vente d'alcool aux mineurs (moins de dix-huit ans)

- L'interdiction de la vente à volonté de boissons alcoolisées (du genre open bars / happy hours)

- L'interdiction de la consommation d'alcool sur la voie publique près des écoles.

Trois mesures qui, selon lui, devraient faire baisser ces chiffres dramatiques. D'après les sondages, 47% des jeunes de 17 ans déclarent avoir été ivres au cours des douze derniers mois.

Dans chaque case, écrivez **V** si, selon le texte, la phrase est vraie, **F** si c'est faux et **ND** si l'information n'est pas donnée dans le texte.

a La plupart des jeunes boivent trop d'alcool.

b Presque la moitié des jeunes de dix-sept ans ont été ivres au moins douze fois.

c Les jeunes de dix-sept ans n'auront plus le droit d'acheter de l'alcool.

d Un élève qui a bu de l'alcool ne sera pas admis à son école.

1b Trouvez dix prépositions dans le texte. Ensuite, utilisez-en cinq dans des phrases pour dire ce que vous pensez du plan de lutte du ministre.

Exemple: *près – Interdire la consommation d'alcool près des écoles est une bonne idée.*

_____ _____ _____ _____ _____

_____ _____ _____ _____ _____

_____

_____

_____

_____

_____

2a Lisez la réaction de quelques jeunes au plan expliqué dans l'article de l'Exercice 1.

Céline, 20 ans: Si on encourageait les jeunes à ne pas boire d'alcool, le problème disparaîtrait. Il faudrait baisser le prix des boissons non-alcoolisées en discothèque. 4 € le verre de coca, c'est plutôt cher. Autant mettre ce prix dans un verre d'alcool!

Mickael, 16 ans: Ces mesures sont bien mais c'est comme toutes les lois. Il n'y aura pas un policier derrière chaque jeune pour le contrôler vingt-quatre heures sur vingt-quatre, donc, à mon avis, c'est inutile.

Mélanie, 17 ans: Ces mesures permettront de limiter certains accidents de la route et ça, c'est une bonne chose. En ce qui concerne la troisième mesure, elle n'empêchera pas les jeunes de boire à proximité des établissements scolaires. Les autorités ne seront pas tout le temps dans les environs.

Sophie, 18 ans: Je ne crois pas que ces mesures changent grand-chose. L'alcool, c'est comme la cigarette, même si on en interdit la vente aux mineurs, d'autres marchés parallèles se développeront pour qu'ils puissent en acheter.

Dans chaque case, écrivez le nom de la personne qui a dit:

a Je suis certaine que ceux qui veulent se procurer de l'alcool en trouveront d'une manière ou d'une autre.

b Je crois que les deux premières mesures pourraient être efficaces, tout au moins, je l'espère.

c Si les boissons non-alcoolisées étaient moins chères que l'alcool, il n'y a pas de doute que la consommation d'alcool diminuerait.

d Ce plan est en théorie quelque chose de valable mais dans la pratique, je ne suis pas sûr qu'il serve à grand-chose.

2b Relisez les réactions des quatre jeunes. Ils utilisent le futur, le conditionnel, le présent et le subjonctif. Donnez deux exemples de chaque.

a futur _____ _____

b conditionnel _____ _____

c présent _____ _____

d subjonctif _____ _____

2c Imaginez que vous êtes le ministre de la Santé. Sur une feuille de papier, répondez aux commentaires de ces jeunes. Utilisez des temps différents (présent, subjonctif, etc.) comme dans l'exemple ci-dessous.

Exemple: *Je suis d'accord avec vous, Céline. Les boissons non alcoolisées sont trop chères mais il est difficile de changer cela. Ce que nous pourrions faire serait d'augmenter le prix des boissons alcoolisées. À mon avis, il faudrait passer une loi qui impose un prix minimum pour les boissons alcoolisées.*

3 Complètez ces phrases en utilisant correctement les verbes donnés entre parenthèses.

Les vacances. En famille ou avec les copains?

a Cette année, j'_____ partir avec mes copains mais mes parents ne me l'ont pas permis. (**aimer**)

b Quand tu _____ dix-huit ans, tu feras ce que tu voudras, mais pour le moment, viens avec nous. (**avoir**)

c Ça m'aurait bien plu, mais je ne crois pas que ce _____ possible cette année. Peut-être l'année prochaine. (**être**)

d Si j'avais le choix, je _____ aller au bord de la mer avec mes amis. (**préférer**)

e Si on me le _____, j'irais à Monte-Carlo avec ma petite copine. (**permettre**)

f Après _____ une semaine de vacances avec mes parents, je voudrais partir quelques jours avec mes copines. (**passer**)

g Je trouve mes parents trop protecteurs. Ils ne veulent pas que je _____ indépendant trop jeune. (**devenir**)

h L'hiver dernier, mes copains et moi _____ du ski. C'était super! (**faire**)

i Je ne crois pas qu'ils me _____ partir seule avec mon petit copain. (**laisser**)

j À mon avis, en _____ en vacances sans ses parents, on devient plus adulte. (**aller**)

k Après _____ au camping, mon père et moi avons tout de suite monté la tente. Moi, j'adore les vacances en famille. (**arriver**)

Topic 4: The conditional and conditional perfect

1 Complete sentences a–e, using verbs in the conditional. Choose infinitives from the box on the right.

a Si c'était possible, je _____ les États-Unis.

b Si tu déménageais, on _____ le contact par mail.

c Elle ne _____ pas vivre sans son portable.

d S'il était plus gentil, elle l' _____ davantage.

e Si j'avais beaucoup d'argent, je _____ le tour du monde.

> faire   pouvoir   visiter
> aimer   garder

2 In sentences a–e, underline the verbs used in the conditional perfect and write what the whole sentence means in English.

a Nous aurions aimé aller les voir.

_____

b Est-ce que vous y seriez allés à pied?

_____

c Sans ses lunettes, il n'aurait pas pu le lire.

_____

d Je n'aurais jamais pensé qu'elle y aille.

_____

e Elle ne serait jamais venue sans son fiancé.

_____

Grammaire

Reminder: the **conditional** is used to mean 'would' + a verb e.g. 'I would go'. To form it, use the stem of the future tense (infinitive minus -e for -re verbs), plus the endings of the imperfect tense.

Check that you know the verbs that have an irregular stem in the future tense: see the list on page 69.

Grammaire

The conditional perfect

When you see the conditional of *avoir* (or *être*) followed by a past participle, this is the conditional perfect. It is used to mean 'would have done' something.

J'aurais préféré qu'il le fasse.
I would have preferred him to do it.

Si elle avait eu le temps, elle y serait allée. If she'd had the time, she would have gone.

3a Who might have said that? Find the right person in the list (1–6) and write the correct number after each statement (a–c).

a Je n'aurais pas pu mieux faire. J'ai gagné tous mes matchs. ☐

b Je ne crois pas que ce soit essentiel de changer tout le système. Cependant, j'aurais aimé que tous les élèves des lycées étudient une langue étrangère. ☐

c J'aurais voulu que les gens paient moins d'impôts mais, avec la crise économique mondiale, cela n'a pas été possible. ☐

> 1 Usain Bolt
> 2 Le ministre des Finances
> 3 Jessica Ennis
> 4 Andy Murray
> 5 Le ministre de l'Éducation
> 6 Le ministre de l'Environnement

3b Underline all the verbs in the conditional perfect in the statements above.

3c Circle all the verbs used in the subjunctive in the statements above.

3d Write a French sentence for each of the remaining people in the list.

_____

_____

_____

1 Complete each sentence with the correct relative pronoun: *qui, que, qu'* or *dont*.

a Le film _____ on a vu était vraiment bien.

b La fille _____ tu m'as demandé le nom s'appelle Lucie.

c Je n'aime pas les vedettes _____ se prennent trop au sérieux.

d Comment s'appelle le groupe _____ tu m'as fait écouter hier?

e C'est lui _____ est allé en Australie, non?

2 Write sentences a–e in French.

a Here is the dictionary you need.

_____

b The people we met on holiday were very nice.

_____

c The computer he has bought is great.

_____

d The boy she dreams about is in my class.

_____

e It is the mobile I have always wanted.

_____

3 Write a–e in English.

a Fais ce que tu peux. _____

b Fais ce qu'il y a à faire. _____

c Fais ce que tu veux. _____

d Ce qui est fait n'est plus à faire. _____

e C'est ce dont je rêve. _____

4 On a separate sheet of paper, write answers of your choice, in French, that include *celui/celle/ceux/celles* followed by *qui/que/qu'/dont*.

Example: *Quelle équipe soutiens-tu? Celle qui joue le mieux, c'est-à-dire Paris Saint-Germain.*

a Quelles matières vas-tu étudier l'année prochaine?

b Quel groupe préfères-tu?

c Laquelle de ces vestes aimerais-tu porter?

d Lequel de ces deux livres as-tu lu?

e Quels professeurs aimes-tu?

Grammaire

Qui can mean 'who', 'which' or 'that' and relates to the subject of the verb that follows:

*J'ai fait **une promenade qui a duré** une heure.*

Que or qu' can mean 'whom', 'which' or 'that' and relates to the object of the verb:

***Le garçon que j'ai rencontré** est très beau.*

Dont is used with verbs followed by *de* and it means 'whose', 'of which', 'of/about whom':

*Est-ce que **les copains dont tu m'as parlé** sont dans la même classe que toi?*

Grammaire

Sometimes, the relative pronoun is missed out in English, e.g. 'The boy (~~whom~~) you are talking about has left school'.

In French, relative pronouns must not be missed out, e.g.

*Le garçon **dont** tu parles a quitté le lycée.*

Astuce

Reminder: *ce* can precede *qui/que/qu'/dont* to say 'what' or 'which', in a statement not a question, as in: *C'est ce qu'il aime faire.* It's what he likes to do.

Astuce

Reminder: *qui/que/qu'/dont* can also be preceded by *celui/celle/ceux/celles.* The meaning is then 'the one(s) who/which/that …'. (These are demonstrative pronouns; see page 32.)

In this case, *celui/celle/ceux/celles* always refer to something previously mentioned.

***Quelles chaussures** vas-tu prendre?* ***Celles qui** coûtent trente euros.*

1 All the verbs in the box below can be followed by another verb in the infinitive, e.g. *j'espère te voir*. Some of them require *à* between the two verbs, others require *de* and the rest require no preposition at all. Write all the verbs into the table under the correct headings.

verb + *à* + infinitive	verb + *de* + infinitive	verb + infinitive
réussir		

Grammaire

The infinitive form of a verb is used to mean 'to do something'. It usually follows another verb, or a preposition, *à* and *de* in particular. (You practised these structures on page 17.)

> aimer   rêver   essayer   chercher   espérer   vouloir
> encourager   finir   oublier   croire   avoir envie   savoir
> avoir besoin   laisser   refuser   avoir peur   commencer
> continuer   éviter   ~~réussir~~   décider   oser   choisir
> pouvoir   s'arrêter   accepter   apprendre   préférer
> faire   arriver   devoir

2 Rewrite the French sentences a–e with the correct word order to match the English meaning.

a *She refused to see him.*   a voir de elle refusé le

_____

b *He decided to stop smoking.*   décidé arrêter il fumer a d' de

_____

c *She preferred not to know (it).*   ne elle pas a savoir préféré le

_____

d *I mustn't do it.*   dois ne je faire le pas

_____

e *I helped him build it.*   je aidé l' à construire ai la

_____

Grammaire

Negatives and object pronouns can also be a part of a sentence with more than one verb.

Il a décidé de ne pas y aller. He decided not to go.

Il l'a encouragé à les rencontrer. He encouraged him to meet them.

Astuce

Note that *à les, à le, de les, de le* are correct here and do **not** combine to form *aux, au, des, du*! (They only combine when *le/les* are definite articles meaning 'the', whereas here they are direct object pronouns meaning 'him/her/them'.)

3 On a separate sheet of paper, write four French sentences of your choice in which there is more than one verb used in the infinitive.

Examples: *Je ne peux pas refuser de l'aider. I cannot refuse to help him. Je ne veux pas apprendre à jouer de la guitare. I don't want to learn to play the guitar.*

Grammaire

A verb can be followed by more than one infinitive:

Il a décidé de commencer à apprendre l'allemand. He decided to start learning German.

Elle a préféré continuer à chercher du travail. She preferred to continue looking for a job.

1 Underline the impersonal phrases and write the meaning of sentences a–e in English.

a Il faut que tu y ailles.

_____

b Il me reste cinq euros.

_____

c Il vaut mieux qu'on arrive tôt.

_____

d Il est essentiel que tu la rencontres.

_____

e Il y a beaucoup de monde ici.

_____

Grammaire

Impersonal verb phrases are only used in the _il_ form.

Grammaire

Impersonal verbs can be used in different tenses.

Note that _mieux,_ in the expression _il vaut mieux,_ goes after the auxiliary verb, when used in compound tenses:

Il aurait mieux valu que ... .

2 Complete the grid below with the different tenses for these impersonal verbs.

	present	perfect	imperfect	future	conditional
a	_il y a_	il y a eu	il y avait	il y aura	il y aurait
b	_il reste_				
c	_il fait_ (+ weather)				
d	_il vaut mieux_				
e	_il faut_				
f	_il est ..._ (adjective) _de_				

Astuce

Note that three very useful impersonal verbs can be followed either by an infinitive, or by _que_ and a subjunctive.

il faut + infinitive   _il faut que_ + subjunctive

il vaut mieux + infinitive   _il vaut mieux que_ + subjunctive

il est (adjective) _de_ + infinitive   _il est_ (adjective) _que_ + subjunctive

3 Choose five phrases from the grid you completed in Exercise 2 and write five French sentences of your choice.

_____

_____

_____

_____

_____

Topic 4: Pronouns *y* and *en*

1 Rewrite sentences a–e, replacing the underlined words with *y*.

a Ils sont arrivés tard <u>à leur destination</u>.

_____

b Allons <u>à Paris</u> cet été.

_____

c On ne m'a jamais encouragé <u>à fumer</u>.

_____

d Je n'aurais jamais pensé <u>à cette solution</u>.

_____

e Il va se mettre <u>au travail</u>.

_____

2 Write sentences a–e in French.

a He has talked about it.

_____

b They have bought one.

_____

c There aren't any.

_____

d Do you want one?

_____

e Choose one!

_____

3 Reorder the words to make complete French sentences. Add capital letters, hyphens and full stops, as appropriate. Use the grid in the *Astuce* box to help you put the pronouns in the correct order.

a leur   elle   prêté   en   a

_____

b nous   y   vus   les   avons

_____

c en   elle   a   lui   une   envoyé

_____

d parents   en   ont   ses   l'   empêché

_____

e vous   en   leur   demander   devriez

_____

1 There is one error in each French sentence below. Correct the errors so that the French sentences match the English translations.

a *They went there with me.* Ils y sont allés avec lui.

_____

b *She is responsible for it.* C'est lui qui en est responsable.

_____

c *Come and sit with her.* Viens t'asseoir avec moi.

_____

d *It's him I saw on TV.* C'est eux que j'ai vu à la télé.

_____

e *What do they think of us?* Qu'est-ce qu'ils pensent de vous?

_____

Grammaire

Emphatic pronouns are used for emphasis:

Moi, je pense que … mais lui, il a dit que … .

They also occur:

- after prepositions: *avec toi*
- after verbs followed by à or de: *je pense à eux*
- before *même*: *moi-même*.

The emphatic pronouns are:

moi	me	nous	us
toi	you (sing.)	vous	you (pl.)
lui	him	eux	them (masc.)
elle	her	elles	them (fem.)
soi	one, oneself (used with on)		

2 Write five French sentences of your choice that include the words given.

a Moi, je _____ .

b C'est lui qui _____ .

c Chez eux, _____ .

d _____ elle-même.

e Pour lui, _____ .

Grammaire

Possessive pronouns are used to say 'mine', 'yours', 'his', and so on. In French, these pronouns must agree with what they refer to, and they incorporate a definite article (a word for 'the').

	masc. singular	fem. singular	masc. plural	fem. plural
mine	le mien	la mienne	les miens	les miennes
yours	le tien	la tienne	les tiens	les tiennes
his, hers	le sien	la sienne	les siens	les siennes
ours	le nôtre	la nôtre	les nôtres	les nôtres
yours	le vôtre	la vôtre	les vôtres	les vôtres
theirs	le leur	la leur	les leurs	les leurs

3 Study the two examples. You will notice emphatic pronouns in the questions and possessive pronouns in the answers. On a separate sheet of paper, answer questions a–e in a similar way, using possessive pronouns.

Examples: *Les valises sont à vous? Oui, ce sont les nôtres.*
Le livre est à eux? Oui, c'est le leur.

a Ce sac est à elle?

b Ce vélo est à toi?

c Cette voiture est à eux?

d Ces jouets sont à lui?

e Ces gants sont à vous?

Topic 4: Direct and indirect object pronouns

1 Write sentences a–f in French.

a I'll send him a birthday card.

_____

b We are buying it today.

_____

c He is watching us.

_____

d I'll ask them.

_____

e I am going to see her.

_____

f I'd phone her if I could be sure she would answer.

_____

2 Reorder these French sentences so that they match up with the English translation.

a *I'll give them to him.*   lui je donnerai les

_____

b *She will write it to them.*   le écrira elle leur

_____

c *They are going to tell me about it.*   le ils me vont dire

_____

d *We'll pass them on to him.*   lui nous passerons les

_____

e *They are thinking of selling it to her.*   la lui ils vendre pensent

_____

3 On a separate sheet of paper, rewrite a–e, replacing the <u>direct</u> object of the sentence with a pronoun.

a Ils ont regardé la télé avec leurs copains.
b Elle a prêté sa voiture à sa sœur.
c Elle a donné ses livres à son fils.
d Il a invité sa petite amie à aller au restaurant.
e Elle a éteint la lumière.

4 On a separate sheet of paper, rewrite a–e, replacing both <u>direct</u> and <u>indirect</u> objects of the sentence with pronouns.

a Elle a acheté ces chaussures à sa fille.
b Il a emprunté la moto à son père.
c J'ai posé la question au professeur.
d Ils ont expliqué la solution à leurs amis.
e Nous avons raconté l'histoire à nos enfants.

Grammaire

Reminder:

- object pronouns include direct and indirect object pronouns
- French direct object pronouns are: *me, te, le, la, l', nous, vous, les*
- French indirect object pronouns are: *me, te, lui, nous, vous, leur*

Indirect object pronouns are used to say 'to me', 'to you', etc. or 'me', 'you', etc. when used with verbs followed by *à*.

All object pronouns are placed before the verb. Where two verbs are involved, the object pronoun is placed before the second verb – the infinitive:

Je peux vous rencontrer aujourd'hui.
I can meet you today.

Astuce

Turn back to pages 39 and 40 for more on object pronouns.

Grammaire

Reminder: when direct object pronouns as well as indirect object pronouns are used in the same sentence, the order of the pronouns is as follows:

me te nous vous	le la l' les	lui leur

Grammaire

When a compound tense is used (perfect, pluperfect, etc.), the pronouns are placed immediately before the auxiliary verb (part of *avoir/être*).

In the case of **direct object pronouns** (but not with indirect object pronouns), the past participle has to agree with the (preceding) pronoun: an extra -*e*, -*s* or -*es* is added to the past participle:

Françoise? Oui, je l'ai vue hier.

Grammaire

Reflexive verbs always include reflexive pronouns i.e. *me, te, se, nous, vous, se*. These pronouns are placed before the verb itself.

Je me douche tous les jours. I take a shower every day.

The present tense of reflexives was practised on page 20.

In compound tenses, reflexive verbs take *être* and, therefore, the past participle must agree with the subject:

Elles se sont dépêchées. They hurried.

– note the place of the reflexive pronoun.

However, if a direct object follows a reflexive verb (often when a part of the body is mentioned), its past participle does not agree:

Elle s'est lavé les cheveux. She washed her hair.

---

1 Write sentences a–f in French.

a We got dressed. _____

b She sat down. _____

c They got up early. _____

d He had a shower. _____

e At what time did you go to bed? _____

f She broke a leg. _____

2 Change these sentences from the present tense to the immediate future (*aller* + infinitive).

a Il se rase. _____

b Elles se promènent. _____

c Je me lave les cheveux aujourd'hui. _____

_____

d Nous nous intéressons à l'art moderne. _____

_____

e Tu te déplaces à vélo? _____

Grammaire

Reminder: when a reflexive verb is used in conjunction with another verb, the reflexive verb is in the infinitive and its reflexive pronoun matches the subject of the sentence:

*se mettre – **Je** vais **me mettre** au travail.*

3 Translate a–e into French.

a He washed the floor (*le sol*) on Saturday.

_____

b I bought myself a new mobile yesterday.

_____

c I woke her up at 7 o'clock.

_____

d He asked himself where he was.

_____

e We met at a party last year.

_____

Grammaire

Reflexive verbs can also be used in a non-reflexive way, i.e. the action of the verb not happening to oneself but to someone/ something else. That being the case, reflexive pronouns are not used. Furthermore, *avoir* (not *être*) is used in compound tenses of verbs used in this way.

Elle a habillé sa petite fille. She got her little girl dressed.

Conversely, some ordinary verbs can be used in a reflexive way, involving the idea of (to/for) myself/each other. They, therefore, take *être* (and not *avoir*) when used in compound tenses:

préparer – se préparer – Ils se sont préparés à sortir. They got ready to go out.

4 On a separate sheet of paper, write three French sentences of your choice that include reflexive verbs used in a non-reflexive way, and three further sentences that include ordinary verbs used in a reflexive way.

Topic 4: The subjunctive

1 Write sentences a–e in French, using verbs in the subjunctive wherever possible.

  a I want you to read this book.

  _____

  b I don't think the weather will be nice tomorrow.

  _____

  c You must see them.

  _____

  d I am not sure that they are right.

  _____

  e I prefer that you go (there).

  _____

Astuce

To remind yourself of verb endings for the subjunctive and key expressions that trigger the use of the subjunctive, look back to pages 35 and 43.

Grammaire

Expressions of doubt, uncertainty, preference, necessity, and wanting something to happen can be followed by another clause that contains a subjunctive:

Il faut que nous <u>fassions</u> la cuisine.
We have to do the cooking.

Be aware that these expressions themselves contain verbs which can be used in different tenses:

Il <u>fallait</u> que nous <u>fassions</u> la cuisine.
We had to do the cooking.

2 Translate phrases a–g into English, taking care over the verb tenses used.

  a Je n'étais pas sûr (que) _____

  b Je ne pensais pas (que) _____

  c Je voudrais (que) _____

  d J'aurais aimé (que) _____

  e Je préférerais (que) _____

  f Il a fallu (que) _____

  g Je n'aurais pas cru (que) _____

3 Complete sentences a–g in a meaningful way, using the subjunctive of the verbs given in brackets.

  a Je n'étais pas sûr que/qu' _____ . **(pouvoir)**

  b Je ne pensais pas que/qu' _____ . **(venir)**

  c Je voudrais que/qu' _____ . **(rencontrer)**

  d J'aurais aimé que/qu' _____ . **(aller)**

  e Je préférerais que/qu' _____ . **(faire)**

  f Il a fallu que/qu' _____ . **(être)**

  g Je n'aurais pas cru que/qu' _____ . **(prendre)**

4 On a separate sheet of paper, write five French sentences of your choice. For each sentence, write two clauses, the first one in the tense given in brackets, and the second one using a subjunctive.

Example: _(present) Je ne crois pas qu'on sorte ce soir._

  a (present)   **d** (future)
  b (perfect)   **e** (conditional)
  c (imperfect)

Grammaire

Verb tenses – a summary

The imperfect tense (I was doing, I used to do) Use the *nous* form of the present tense (without the *-ons*) plus these endings: *-ais, -ais, -ait, -ions, -iez, -aient* Example: *je finissais*	**The subjunctive** Use the *ils/elles* form of the present tense (without the *-ent*) plus these endings: *-e, -es, -e, -ions, -iez, -ent* Example: *que tu viennes*
The future tense (I will do) Use the **infinitive** (without the final *-e* for *-re* verbs) plus these endings, which are similar to the present tense of *avoir*: *-ai, -as, -a, -ons, -ez, -ont* Example: *ils arriveront*	**The conditional** (I would do) Use the **infinitive** (without the final *-e* for *-re* verbs) plus these endings, which are the same as for the imperfect: *-ais, -ais, -ait, -ions, -iez, -aient* Example: *je préférerais*

COMPOUND TENSES **The perfect tense** (I did, I have done) Use the **present tense of *avoir* or *être*** plus the **past participle** Example: *nous avons parlé, nous sommes allés*

The pluperfect tense (I had done) Use the **imperfect tense of *avoir* or *être*** plus the **past participle**. Example: *il avait mangé, il était allé*	**The conditional perfect** (I would have done) Use the **conditional of *avoir* or *être*** plus the **past participle**. Example: *elle aurait aimé, elle serait partie*

1 Complete the grid to give the French verb form for each person and tense/mood as specified in the column headings.

	imperfect	subjunctive	future	conditional	conditional perfect	perfect	pluperfect
	je/j'	tu	il/elle	nous	vous	ils/elles	on
écouter	écoutais						
finir							
répondre							
aller							

2 On a separate sheet of paper, give the French for these verbs. Take care: they are all irregular in some way.

a I will do

b they were

c I want him to do

d we have been

e he would have believed

f they would send

g she had understood

3 On a separate sheet of paper, write short French sentences of your choice, using the following tenses.

a the future tense

b the perfect tense

c the imperfect tense

d the present subjunctive

e the pluperfect tense

f the conditional

g the present tense

1 Rewrite these French sentences with the correct word order, to match the English translation.

a *It is better if he takes mine.* il qu' prenne la vaut mienne mieux il

_____

b *I would have preferred her to take hers.* préféré la elle qu' j' sienne aurais prenne

_____

c *I would have liked us to go there.* aille qu' j' aimé on aurais y

_____

d *I wanted us to buy some.* achète je on qu' voulais en

_____

e *I haven't lent them any.* ne ai pas je leur prêté en

_____

2 Write out the sentences, replacing the underlined words with pronouns (direct/indirect object pronouns, possessive pronouns, *y* or *en*).

Example: *C'est à lui. – C'est le sien.*

a Elle est <u>à moi</u>. _____

b Je vais acheter <u>du chocolat</u>. _____

c On va aller <u>en ville</u>. _____

d Il a acheté <u>sa maison</u>. _____

e Il a donné dix euros <u>à son frère</u>. _____

3a *Devinettes.* The first two lines describe the first two syllables of the word to be guessed. The third line defines the word itself. What are the words?

a Mon premier est un homonyme d'un chiffre.

Mon second est un homonyme de la capitale de l'Autriche.

Mon tout est un verbe irrégulier au subjonctif. _____

b Mon premier est le mot anglais pour «un stylo».

Mon second est la troisième lettre de l'alphabet.

Mon tout est synonyme de croire et aussi homonyme d'une fleur! _____

c Mon premier est une note de musique.

Mon second est le contraire de beau et aussi homonyme d'un article défini.

Mon tout est un verbe à l'imparfait qui signifie «était nécessaire». _____

> **Astuce**
>
> *Un homonyme* is a word that <u>sounds</u> the same as another word.

3b On a separate sheet of paper, write your own *devinette* for your partner to solve.

4 'Would I lie to you?' This is a television game show you may well know. There are two teams. Each participant in turn reads aloud a statement about themselves. The opposing team ask questions in order to determine whether the statement is true or false. Play the game in French with a few of your friends. Try to be convincing!

5 Wordsearch. Find the 28 verb forms hidden in the wordsearch grid. Write them into the tables under the correct headings.

F	E	R	O	N	T	P	I	R	E	C	U
A	L	L	E	R	A	C	A	R	V	N	O
S	H	O	J	D	V	E	R	R	A	I	S
S	I	A	T	E	R	X	U	K	L	I	E
E	O	A	S	V	E	S	A	V	O	I	R
T	G	I	E	R	D	I	R	A	A	L	A
U	D	E	S	A	F	A	U	T	Z	U	I
C	S	L	E	I	F	R	E	V	A	I	T
P	U	I	S	S	E	D	E	V	A	I	S
U	I	B	N	V	O	U	L	O	I	R	A
I	S	V	E	C	U	O	V	E	N	I	R
M	I	S	P	O	U	V	A	I	S	T	O

subjunctive	future	conditional	imperfect

present	infinitive	past participle

6 Identify sentences in 1–5 that are similar in meaning to a–e. Write the correct number in the boxes.

a   Il faut qu'elle choisisse ce qu'elle veut faire plus tard. ☐

b   Il vaudrait mieux qu'on y aille ensemble. ☐

c   Je ne crois pas qu'il ait fait son possible pour réussir. ☐

d   Il faut que je fasse un effort pour mieux m'entendre avec mes parents. ☐

e   Il ne fallait pas qu'il lui prête de l'argent. ☐

1   Il est préférable de ne pas y aller seul.

2   Il n'aurait pas dû lui en emprunter.

3   Je dois essayer d'éviter de me disputer avec eux.

4   C'est à elle de décider de son avenir.

5   À mon avis, il n'a pas assez travaillé.

7 Write five French sentences equivalent in meaning to the ones already given below. Your sentences must include a verb in the subjunctive.

Example: *Il est interdit de fumer. Il ne faut pas que vous fumiez.*

a   Je dois envoyer un mail à ma copine.

_____

b   À mon avis, on n'ira pas en vacances cette année.

_____

c   Est-ce qu'il va réussir? Moi, je n'en suis pas certain.

_____

d   Rends visite à ta grand-mère, s'il te plaît. C'est important.

_____

e   Fais un petit boulot. C'est ce que veulent tes parents.

_____

1a Lisez le mail qu'Emma a envoyé à ses quatre copains. Lisez aussi leurs réponses.

> **Mon petit ami vient de me laisser tomber. Ça faisait dix-huit mois qu'on sortait ensemble. Je ne sais pas pourquoi il a fait ça. Je ne pense pas qu'il sorte avec une autre fille. Évidemment, on a eu des disputes comme tout le monde mais moi, je ne pensais pas que ce soit important. – Emma**

> Ne te rends pas malade pour lui. Il n'en vaut pas la peine. S'il ne t'a même pas dit pourquoi il ne voulait plus sortir avec toi, c'est que, pour lui, ça n'avait plus l'importance que ça avait pour toi. Crois-moi, tu es mieux seule. – **Anna**

> Je ne suis pas sûre que tu aies raison quand tu dis qu'il n'a pas trouvé quelqu'un d'autre. La moindre des choses aurait été de te donner une explication. Quant à vos disputes, c'est peut-être une excuse derrière laquelle se cache la vérité. – **Amélie**

> Ne te complique pas la vie. S'il n'est plus là, c'est qu'il n'avait plus envie d'y être. C'est vrai qu'il aurait pu te dire pourquoi. Écoute, essaie de l'oublier. Si c'est ce que tu veux, je suis certain que tu trouveras un autre petit copain. À mon avis, ce ne serait pas une mauvaise idée. – **Rémi**

> Il y a dispute et *dispute*. Tu dis qu'elles n'étaient pas graves mais peut-être que tu te trompes. Si elles étaient fréquentes, il en a peut-être conclu que tu ne l'aimais plus, alors, plutôt que de se faire rejeter, il t'a rejetée d'abord. – **Stéphanie**

Dans les cases, écrivez le nom de la personne qui pense que …

a Emma aimait son petit ami plus qu'il ne l'aimait. ☐

b les disputes entre Emma et son petit ami sont probablement la cause de leur séparation. ☐

c le petit ami d'Emma sort avec une autre fille maintenant. ☐

d les disputes entre Emma et son petit ami ne sont pas la vraie raison de leur séparation. ☐

e le petit ami d'Emma en avait assez de sortir avec elle. ☐

f Emma n'a pas besoin de petit ami. ☐

g Emma devrait sortir avec un autre garçon. ☐

1b Imaginez que les amis d'Emma lui disent 'vous' (plutôt que 'tu'). Écrivez les formes verbales (et les pronoms) inclus dans leurs mails qui seraient modifiées par ce changement.

Anna: a _Ne vous rendez pas_   b _____   c _____

d _____   e _____   f _____

Amélie: a _____   b _____   c _____

Rémi: a _____   b _____   c _____

d _____   e _____   f _____

Stéphanie: a _____   b _____   c _____

d _____

1c Si vous étiez l'ami(e) d'Emma, comment auriez-vous répondu à son mail?

_____

_____

2 Les Jeux Olympiques. Complétez les phrases en utilisant correctement les verbes donnés entre parenthèses.

a Les Jeux Olympiques de Londres _____ un succès sans précédent, c'est indéniable. (**être**)

b Il _____ recruter soixante-dix mille volontaires. (**falloir**)

c La Grande-Bretagne _____ troisième au classement des médailles. (**finir**)

d Cette fois, énormément de gens _____ aux Jeux Paralympiques aussi. (**s'intéresser**)

e Un Anglais, le docteur Guttman, _____ les jeux internationaux en fauteuil roulant en 1948 (**inventer**), mais les premiers Jeux Paralympiques officiels _____ lieu à Rome en 1960. (**avoir**)

f Les prochains Jeux Olympiques _____ à Rio, au Brésil. (**se passer**)

g Certaines personnes _____ que les Jeux Olympiques se passent tout le temps à Athènes. (**aimer**)

h C'est parce que l'organisation des Jeux Olympiques _____ très cher. (**coûter**)

i Cependant, il est clair que les pays choisis ne voudraient pas que la Grèce _____ le pays organisateur permanent. (**être**)

3a Lisez cet extrait du témoignage de Josiane, une mère de famille recomposée, et complétez le texte en utilisant les mots donnés dans la case.

confirmant	avais	obligées	leurs	rappellent	jamais
font	dise	auraient	étais		

Que trouvez-vous le plus difficile à vivre?

La vie avec les filles de Julien. Lui, il en a deux, et moi, j'ai quatre garçons. Ses filles me (**a**)_____ sans cesse à l'ordre en me (**b**)_____ que je ne suis pas leur mère. Ça, je le sais, bien sûr, et je n'ai pas besoin, à mon stade de maturité, qu'on me le (**c**)_____ quotidiennement, et surtout de la manière dont elles le (**d**)_____ . La porte de leur chambre est souvent fermée à clef. Les filles ne mangent (**e**)_____ en même temps que nous pour des raisons de régime ou de rendez-vous avec (**f**)_____ copains.

Il est vrai que j' (**g**)_____ espéré trouver des filles en elles mais elles m'ont très vite fait comprendre que j' (**h**)_____ leur belle-mère, pas leur mère. Moi, je ne voulais pas remplacer leur mère mais être quelqu'un de différent vers qui elles (**i**)_____ pu se tourner. Je me rends bien compte qu'elles ne sont pas (**j**)_____ de m'accepter.

3b Que conseilleriez-vous à Josiane de faire?

_____

_____

_____

		PRESENT	PERFECT	IMPERFECT	FUTURE	CONDITIONAL	SUBJUNCTIVE
REGULAR VERBS							
-er verbs **jouer** *to play*	je/j'	joue	ai joué	jouais	jouerai	jouerais	joue
	tu	joues	as joué	jouais	joueras	jouerais	joues
	il/elle/on	joue	a joué	jouait	jouera	jouerait	joue
	nous	jouons	avons joué	jouions	jouerons	jouerions	jouions
	vous	jouez	avez joué	jouiez	jouerez	joueriez	jouiez
	ils/elles	jouent	ont joué	jouaient	joueront	joueraient	jouent
-ir verbs **finir** *to finish*	je/j'	finis	ai fini	finissais	finirai	finirais	finisse
	tu	finis	as fini	finissais	finiras	finirais	finisses
	il/elle/on	finit	a fini	finissait	finira	finirait	finisse
	nous	finissons	avons fini	finissions	finirons	finirions	finissions
	vous	finissez	avez fini	finissiez	finirez	finiriez	finissiez
	ils/elles	finissent	ont fini	finissaient	finiront	finiraient	finissent
-re verbs **vendre** *to sell*	je/j'	vends	ai vendu	vendais	vendrai	vendrais	vende
	tu	vends	as vendu	vendais	vendras	vendrais	vendes
	il/elle/on	vend	a vendu	vendait	vendra	vendrait	vende
	nous	vendons	avons vendu	vendions	vendrons	vendrions	vendions
	vous	vendez	avez vendu	vendiez	vendrez	vendriez	vendiez
	ils/elles	vendent	ont vendu	vendaient	vendront	vendraient	vendent
reflexive verbs **s'amuser** *to enjoy yourself*	je	m'amuse	me suis amusé(e)	m'amusais	m'amuserai	m'amuserais	m'amuse
	tu	t'amuses	t'es amusé(e)	t'amusais	t'amuseras	t'amuserais	t'amuses
	il/elle/on	s'amuse	s'est amusé(e)(s)	s'amusait	s'amusera	s'amuserait	s'amuse
	nous	nous amusons	nous sommes amusé(e)s	nous amusions	nous amuserons	nous amuserions	nous amusions
	vous	vous amusez	vous êtes amusé(e)(s)	vous amusiez	vous amuserez	vous amuseriez	vous amusiez
	ils/elles	s'amusent	se sont amusé(e)s	s'amusaient	s'amuseront	s'amuseraient	s'amusent
IRREGULAR VERBS							
aller *to go*	je/j'	vais	suis allé(e)	allais	irai	irais	aille
	tu	vas	es allé(e)	allais	iras	irais	ailles
	il/elle/on	va	est allé(e)(s)	allait	ira	irait	aille
	nous	allons	sommes allé(e)s	allions	irons	irions	allions
	vous	allez	êtes allé(e)(s)	alliez	irez	iriez	alliez
	ils/elles	vont	sont allé(e)s	allaient	iront	iraient	aillent
avoir *to have*	je/j'	ai	ai eu	avais	aurai	aurais	aie
	tu	as	as eu	avais	auras	aurais	aies
	il/elle/on	a	a eu	avait	aura	aurait	aie
	nous	avons	avons eu	avions	aurons	aurions	ayons
	vous	avez	avez eu	aviez	aurez	auriez	ayez
	ils/elles	ont	ont eu	avaient	auront	auraient	aient
devoir *to have to / must*	je/j'	dois	ai dû	devais	devrai	devrais	doive
	tu	dois	as dû	devais	devras	devrais	doives
	il/elle/on	doit	a dû	devait	devra	devrait	doive
	nous	devons	avons dû	devions	devrons	devrions	devions
	vous	devez	avez dû	deviez	devrez	devriez	deviez
	ils/elles	doivent	ont dû	devaient	devront	devraient	doivent
dire *to say / to tell*	je/j'	dis	ai dit	disais	dirai	dirais	dise
	tu	dis	as dit	disais	diras	dirais	dises
	il/elle/on	dit	a dit	disait	dira	dirait	dise
	nous	disons	avons dit	disions	dirons	dirions	disions
	vous	dites	avez dit	disiez	direz	diriez	disiez
	ils/elles	disent	ont dit	disaient	diront	diraient	disent

		PRESENT	PERFECT	IMPERFECT	FUTURE	CONDITIONAL	SUBJUNCTIVE
être *to be*	je/j'	suis	ai été	étais	serai	serais	sois
	tu	es	as été	étais	seras	serais	sois
	il/elle/on	est	a été	était	sera	serait	soit
	nous	sommes	avons été	étions	serons	serions	soyons
	vous	êtes	avez été	étiez	serez	seriez	soyez
	ils/elles	sont	ont été	étaient	seront	seraient	soient
faire *to do / to make*	je/j'	fais	ai fait	faisais	ferai	ferais	fasse
	tu	fais	as fait	faisais	feras	ferais	fasses
	il/elle/on	fait	a fait	faisait	fera	ferait	fasse
	nous	faisons	avons fait	faisions	ferons	ferions	fassions
	vous	faites	avez fait	faisiez	ferez	feriez	fassiez
	ils/elles	font	ont fait	faisaient	feront	feraient	fassent
mettre *to put*	je/j'	mets	ai mis	mettais	mettrai	mettrais	mette
	tu	mets	as mis	mettais	mettras	mettrais	mettes
	il/elle/on	met	a mis	mettait	mettra	mettrait	mette
	nous	mettons	avons mis	mettions	mettrons	mettrions	mettions
	vous	mettez	avez mis	mettiez	mettrez	mettriez	mettiez
	ils/elles	mettent	ont mis	mettaient	mettront	mettraient	mettent
pouvoir *to be able to / can*	je/j'	peux	ai pu	pouvais	pourrai	pourrais	puisse
	tu	peux	as pu	pouvais	pourras	pourrais	puisses
	il/elle/on	peut	a pu	pouvait	pourra	pourrait	puisse
	nous	pouvons	avons pu	pouvions	pourrons	pourrions	puissions
	vous	pouvez	avez pu	pouviez	pourrez	pourriez	puissiez
	ils/elles	peuvent	ont pu	pouvaient	pourront	pourraient	puissent
prendre *to take*	je/j'	prends	ai pris	prenais	prendrai	prendrais	prenne
	tu	prends	as pris	prenais	prendras	prendrais	prennes
	il/elle/on	prend	a pris	prenait	prendra	prendrait	prenne
	nous	prenons	avons pris	prenions	prendrons	prendrions	prenions
	vous	prenez	avez pris	preniez	prendrez	prendriez	preniez
	ils/elles	prennent	ont pris	prenaient	prendront	prendraient	prennent
sortir *to go out*	je	sors	suis sorti(e)	sortais	sortirai	sortirais	sorte
	tu	sors	es sorti(e)	sortais	sortiras	sortirais	sortes
	il/elle/on	sort	est sorti(e)(s)	sortait	sortira	sortirait	sorte
	nous	sortons	sommes sorti(e)s	sortions	sortirons	sortirions	sortions
	vous	sortez	êtes sorti(e)(s)	sortiez	sortirez	sortiriez	sortiez
	ils/elles	sortent	sont sorti(e)s	sortaient	sortiront	sortiraient	sortent
venir *to come*	je	viens	suis venu(e)	venais	viendrai	viendrais	vienne
	tu	viens	es venu(e)	venais	viendras	viendrais	viennes
	il/elle/on	vient	est venu(e)(s)	venait	viendra	viendrait	vienne
	nous	venons	sommes venu(e)s	venions	viendrons	viendrions	venions
	vous	venez	êtes venu(e)(s)	veniez	viendrez	viendriez	veniez
	ils/elles	viennent	sont venu(e)s	venaient	viendront	viendraient	viennent
vouloir *to want*	je/j'	veux	ai voulu	voulais	voudrai	voudrais	veuille
	tu	veux	as voulu	voulais	voudras	voudrais	veuilles
	il/elle/on	veut	a voulu	voulait	voudra	voudrait	veuille
	nous	voulons	avons voulu	voulions	voudrons	voudrions	voulions
	vous	voulez	avez voulu	vouliez	voudrez	voudriez	vouliez
	ils/elles	veulent	ont voulu	voulaient	voudront	voudraient	veuillent

PAST PARTICIPLES

These are used in forming compound tenses: perfect, pluperfect, future perfect, conditional perfect, perfect infinitive.

REGULAR PAST PARTICIPLES

-er verbs – **é**	-ir verbs – **i**	-re verbs – **u**
trouver – **trouvé**	finir – **fini**	vendre – **vendu**

IRREGULAR PAST PARTICIPLES

English	infinitive	past participle
to have	avoir	eu
to drink	boire	bu
to know	connaître	connu
to run	courir	couru
to have to	devoir	dû
to say	dire	dit
to write	écrire	écrit
to be	être	été
to do	faire	fait
to read	lire	lu
to put	mettre	mis
to die	mourir	mort*
to be born	naître	né*
to open	ouvrir	ouvert
to be able to	pouvoir	pu
to take	prendre	pris
to receive	recevoir	reçu
to know how to	savoir	su
to come	venir	venu*
to live	vivre	vécu
to see	voir	vu
to want	vouloir	voulu

* These form compound tenses with *être*, not *avoir*.

VERBS WHICH USE *ÊTRE* TO FORM THE PERFECT TENSE AND OTHER COMPOUND TENSES

aller	*to go*
arriver	*to arrive*
descendre	*to go down*
devenir	*to become*
entrer	*to enter, to go in*
monter	*to go up*
mourir	*to die*
naître	*to be born*
partir	*to leave*
rentrer	*to go home*
rester	*to stay*
retourner	*to return, to go back*
revenir	*to come back*
sortir	*to go out*
tomber	*to fall*
venir	*to come*

Also all reflexive verbs.

FUTURE TENSE ENDINGS

Add these endings to the stem which is the same as the infinitive (for -*re* verbs remove the final -*e* first).

	endings	regarder	choisir	répondre
je	-ai	regarderai	choisirai	répondrai
tu	-as	regarderas	choisiras	répondras
il/elle/on	-a	regardera	choisira	répondra
nous	-ons	regarderons	choisirons	répondrons
vous	-ez	regarderez	choisirez	répondrez
ils/elles	-ont	regarderont	choisiront	répondront

VERBS WITH AN IRREGULAR FUTURE STEM

Some key verbs have an irregular future stem, so you need to learn these. The endings are still regular.

infinitive	future stem	*je* form
aller	ir-	j'irai
avoir	aur-	j'aurai
devoir	devr-	je devrai
envoyer	enverr-	j'enverrai
être	ser-	je serai
faire	fer-	je ferai
pouvoir	pourr-	je pourrai
savoir	saur-	je saurai
venir	viendr-	je viendrai
voir	verr-	je verrai
vouloir	voudr-	je voudrai
falloir	faudr-	il faudra

INFINITIVE CONSTRUCTIONS

Examples of verbs followed by the infinitive with no preposition between them

aimer	*to like to*
croire	*to believe*
devoir	*to have to*
espérer	*to hope*
faire	*to make, to do*
falloir	*to be necessary*
laisser	*to let*
oser	*to dare*
penser	*to think*
pouvoir	*to be able to*
préférer	*to prefer*
savoir	*to know how to*
vouloir	*to want to*

Examples of verbs followed by à + infinitive

aider à	*to help to*
apprendre à	*to learn to*
arriver à	*to manage to*
s'attendre à	*to expect*
chercher à	*to try to*
commencer à	*to begin to*
consentir à	*to consent to*
continuer à	*to continue to*
se décider à	*to make up one's mind to*
encourager à	*to encourage to*
enseigner à	*to teach to*
s'habituer à	*to get used to*
s'intéresser à	*to be interested in*
inviter à	*to invite to*
se mettre à	*to start*
obliger à	*to force to*
parvenir à	*to succeed in*
passer du temps à	*to spend time + verb*
penser à	*to think of*
perdre du temps à	*to waste time + verb*
se préparer à	*to prepare oneself to*
renoncer à	*to give up*
réussir à	*to succeed in*
servir à	*to serve to, to be useful for, to help to*

Examples of verbs followed by *de* + infinitive

accepter de	*to agree to*
accuser de	*to accuse (someone of)*
s'agir de	*to be a question of/to be about*
s'arrêter de	*to stop + verb*
avoir envie de	*to feel like + verb*
avoir peur de	*to be afraid of*
cesser de	*to stop*
choisir de	*to choose to*
conseiller de	*to advise to*
craindre de	*to fear to*
décider de	*to decide to*
défendre de	*to forbid to*
demander de	*to ask (someone) to*
essayer de	*to try to*
éviter de	*to avoid + verb*
s'excuser de	*to apologise for*
finir de	*to finish + verb*
se hâter de	*to hurry to*
manquer de	*to fail to*
mériter de	*to deserve to*
offrir de	*to offer to*
oublier de	*to forget to*
se permettre de	*to allow (oneself) to*
prier de	*to beg to*
promettre de	*to promise to*
proposer de	*to suggest + verb*
refuser de	*to refuse to*
regretter de	*to regret + verb*
rêver de	*to dream of*
se soucier de	*to care about*
se souvenir de	*to remember to*
venir de	*to have just*

Transition

Articles (page 5)

1

a le, le, b la, l', c les, l', d la, les, e le, les

2

a J'ai une amie. b J'aime faire des photos numériques. c La plupart des jeunes utilisent un portable. d Chez nous, nous avons un jardin et un garage. e Dans ma chambre, il y a une télé et un ordinateur.

3

a d'argent, b de l'eau, c du chocolat, d des cartes postales, e de vin

4

a les, b le, c des, d un, e la, f L', g du, h un, i un, j de l'

Possessive adjectives (page 6)

1

a son, b ma, c sa, d notre, e ton

2

a mes parents, b ta tante, c nos cousins, d son neveu, e ma grand-mère

3

a ton/votre école, b mon armoire, c mon église, d son entreprise, e ma femme/mon épouse, f mon équipe, g son oreille, h ton/votre usine

4

Students' own answers.

Adjectives (page 7)

1

a verte, b intéressants, c difficiles, d mauvaises, e meilleures, f petits, g grandes, h bleue, i intelligente, j préférée

2

The snake should be cut into the following adjectives: beau, bon, gentil, joli, mauvais, méchant, vilain, grand, gros, haut, petit, vaste, jeune, nouveau, vieux, premier, deuxième.

3

Possible answers include:
-eur/-euse: travailleur, travailleuse
-x/-se: heureux, heureuse
-on/-onne: bon, bonne
-el/-elle: officiel, officielle

4

a une moto chère, b sa première voiture, c de bonnes notes, d une brochure informative, e une place publique, f la Maison-Blanche, g une route dangereuse, h des températures moyennes

5

Students' own answers.

The present tense (page 8)

1

(Other answers may be possible.)
a regarde, b écoute, c finissons, d répondent, e habitez

2

Across: 1 mangent, 4 neige, 5 entre
Down: 1 montre, 2 gagner, 3 trouve

3

a a, b ont, c avez, d sont, e avons, f ai, g est, a, h a, i sont

The perfect tense with *avoir* (page 9)

1

a Nous avons regardé la télé.
b J'ai écouté de la musique.
c Il a vendu son vélo.
d Tu as/Vous avez travaillé dur.
e Ils/Elles ont joué au badminton.

2

to have **4f**, to drink **8m**, to know **1j**, to run **15g**, to have to **7l**, to say **10c**, to write **12s**, to be **13b**, to do **14r**, to read **16k**, to put **3h**, to open **19n**, to be able to **18d**, to take **2p**, to receive **6t**, to know how to **9q**, to follow **11a**, to live **5i**, to see **20o**, to want **17e**

3

Students' own answers.

4

a a fait, b ont dû, c ont pu, d ai eu, e a envoyé

The perfect tense with *être* (page 10)

1

a sont nées – The subject (twin sisters) is feminine (extra -e) and plural (extra -s).
b est morte – The subject (my grandmother) is feminine.
c est venue – The subject (my friend who is a girl) is feminine.
d sont partis – The subject (mes parents) is plural.
e sommes allées – The subject (my friend and I) is plural. Here, this is a female friend. In this case, 'I' is also female, so the extra -e is required. (If one subject was male, only the -s would be required.)

2

a sont arrivés, b est sortie, c sont rentrées, d êtes parti/partie/partis/parties (*depending on who* 'vous' *is*), e est tombé

3

a Elles se sont dépêchées.
b Ma sœur s'est réveillée à huit heures.
c Je me suis intéressé/intéressée aux nouvelles technologies.
d Ils se sont passionnés pour le sport.
e Nous nous sommes couchés/couchées vers onze heures.

4

Possible answers include:
je me suis levé(e), je suis parti(e), je suis allé(e), je suis rentré(e), je suis resté(e), je suis sorti(e), je me suis couché(e).

Negatives (page 11)

1

a I only go out on Saturday nights.
b She never takes medicine.
c I don't see her any longer/more.
d We can't do anything about it.
e They don't meet anyone.
f Nobody agrees with him.
g He doesn't want to get engaged or get married./He wants neither to get engaged nor to get married.

2

a Ils ne sont jamais allés en France.
b Il n'a rien fait cette année.
c Elle n'a visité que l'Italie.
d Nous n'avons oublié personne.
e Il n'a vu ni sa famille ni ses amis/ni ses amis ni sa famille.

3

Possible answers include:
a Je n'ai jamais visité …
b Je n'ai aimé ni … ni …
c Je n'ai aimé que …
d Je n'ai pas + past participle of a verb
e Je ne veux plus y aller.
Note that there are many other ways of conveying the above, e.g. Je ne suis jamais allée … etc.

The immediate future (*aller* + infinitive) (page 12)

1

a Il va manger avec ses copains en ville.
b Je vais aller à la patinoire.
c Elle va souvent sortir le soir.
d Ils vont être à l'heure.
e Nous allons faire la vaisselle.

f Allez-vous aller en Italie cette année?

g Je vais me reposer l'après-midi.

2

a Je ne vais jamais jouer au golf.

b Ma sœur ne va pas aller au théâtre.

c Tu ne vas plus sortir avec tes copains.

d Ils ne vont pas louer d'appartement.

e Le gouvernement européen ne va pas prendre cette décision.

f Il ne va plus nager.

g Nous n'allons jamais aller sur la Lune.

3

Students' own answers.

Mixed practice (page 13)

1

a Il n'a jamais donné d'argent à des œuvres caritatives. (BCC)

b Ma copine est moi sommes allées faire des courses. (BAA)

c Elle a acheté une chemise blanche. (CBA)

d Moi, j'ai pris des chaussures noires. (BC)

2

	present tense	perfect tense	immediate future
aller	je vais	je suis allé(e)	je vais aller
se coucher	je me couche	je me suis couché(e)	je vais me coucher
comprendre	je comprends	j'ai compris	je vais comprendre
venir	je viens	je suis venu(e)	je vais venir
faire	je fais	j'ai fait	je vais faire

	present tense	perfect tense	immediate future
pouvoir	je peux	j'ai pu	je vais pouvoir
devoir	je dois	j'ai dû	je vais devoir
attendre	j'attends	j'ai attendu	je vais attendre
choisir	je choisis	j'ai choisi	je vais choisir
écouter	j'écoute	j'ai écouté	je vais écouter

3

Je suis allé(e) dans le sud de la France avec ma famille. J'y suis resté(e) deux semaines. J'ai aimé aller à la plage. Je me suis amusé(e) avec mes copains. Le soir, nous sommes sortis en ville. Je suis rentré(e) après minuit. J'ai adoré ça mais mes parents n'ont pas été d'accord. J'ai aimé ces vacances.

Topic 1

The present tense: irregular verbs (page 14)

1

a faire – je fais, tu fais, il/elle fait, nous faisons, vous faites, ils/elles font

b dire – je dis, tu dis, il/elle dit, nous disons, vous dites, ils/elles disent

c venir – je viens, tu viens, il/elle vient, nous venons, vous venez, ils/elles viennent

d aller – je vais, tu vas, il/elle va, nous allons, vous allez, ils/elles vont

e prendre – je prends, tu prends, il/elle prend, nous prenons, vous prenez, ils/elles prennent

f dormir – je dors, tu dors, il/elle dort, nous dormons, vous dormez, ils/elles dorment

g sortir – je sors, tu sors, il/elle sort, nous sortons, vous sortez, ils/elles sortent

h écrire – j'écris, tu écris, il/elle écrit, nous écrivons, vous écrivez, ils/elles écrivent

i connaître – je connais, tu connais, il/elle connaît, nous connaissons, vous connaissez, ils/elles connaissent

j mettre – je mets, tu mets, il/elle met, nous mettons, vous mettez, ils/elles mettent

k recevoir – je reçois, tu reçois, il/elle reçoit, nous recevons, vous recevez, ils/elles reçoivent

2

a Je ne connais pas sa petite amie.

b Nous prenons le bus./On prend le bus.

c Elle sort tous les soirs.

d Est-ce que vous écrivez des lettres?/Écrivez-vous des lettres?/ Vous écrivez des lettres?

3

Students' own answers.

The present tense: modal verbs (page 15)

1

a savoir, **b** devoir, **c** pouvoir, **d** vouloir

2

a savent, **b** doit, **c** veut, **d** peuvent, **e** savent, **f** veut, **g** peut

3

a Ils savent ce qu'ils doivent faire.

b Il peut faire ce qu'il veut.

c On ne peut pas tout savoir.

d Nous devons protéger l'environnement.

e Maintenant qu'il sait nager, il peut aller à la piscine seul.

Other uses of the present tense (page 16)

1

a Mes copains viennent de m'envoyer des photos numériques.

b Jennifer vient de sortir un super CD.

c Il vient d'avoir un accident du travail.

d Nous venons de rentrer de vacances.

e Je viens de décider de me promener un peu en ville.

2

Possible answers include:

a Elle a un petit ami depuis six mois.

b Il fait du sport depuis toujours.

c Elle est végétarienne depuis un an.

d Elle conduit une voiture depuis l'âge de dix-huit ans.

e J'ai un nouveau portable depuis deux semaines.

3

Possible answers include:

a À l'avenir, il va utiliser son portable.

b À l'avenir, ils vont partir en vacances avec leurs copains.

c Dans deux ans, nous allons aller à l'université.

d À l'avenir, je ne vais pas regarder beaucoup de télé.

e Plus tard dans la vie, je vais travailler dans un bureau.

Infinitive constructions (page 17)

1

a4, b2, c1, d3, e6, f5, g7

2

a sur le point de gagner, **b** au lieu de partir, de rester, **c** avant de commencer, à fumer, **d** pour/afin d'appartenir, **e** sans être

3

a Les médecins encouragent les gens à être actifs.

b Elle refuse de parler à son médecin.

c Les jeunes doivent éviter de boire trop d'alcool.

d Il a réussi/est arrivé à arrêter/cesser de fumer.

e J'ai décidé de continuer à jouer au badminton.

f Elle a appris à jouer de la guitare.

g Il a essayé de comprendre./Il a cherché à comprendre.

h Il rêve d'aller voir la Coupe du monde.

The imperative (page 18)

1

a4, b3, c1, d6, e2, f7, g5

2

Students' own answers.

3

a Prenons une glace.
b Fais tes devoirs!/Faites vos devoirs!
c Arrête/Arrêtez de crier!
d Laisse/Laissez-moi tranquille!
e Allons faire une promenade./Allons nous promener.

4

a Ne vous inquiétez pas.
b Ne soyez pas si bruyants.
c Ne sors jamais seule le soir.
d Ne lui dites rien.
e N'acceptez jamais de drogue.

Comparative and superlative adjectives (page 19)

1

Students' own answers.

2

a À Paris, le vent est moins fort qu'à Nice.
b À Nice, les températures ressenties sont plus basses qu'à Paris.
c À Nice, la visibilité est meilleure qu'à Paris.
d À Nice, le degré d'humidité est moins élevé qu'à Paris.
e À Paris, le risque de pluie est plus grand qu'à Nice.

3

a Mo Farah est le meilleur coureur de 10 000 mètres du monde.
b Le footballeur le plus célèbre de tous les temps est brésilien. Il s'appelle Pelé.
c Au basket, les États-Unis ont l'équipe la plus forte.
d Usain Bolt est le sprinteur le plus rapide du monde.
e Les États-Unis ont reçu le plus grand nombre de médailles d'or aux Jeux Olympiques de Londres.

The present tense: reflexive verbs (page 20)

1

R	E	T	R	O	U	V	E	R	R	E	H	C	U	O	C
E	C	A	R	E	H	C	E	P	E	D	R	A	I	T	E
V	S	T	A	P	P	R	O	C	H	E	R	Q	U	B	N
E	P	E	O	U	R	E	L	E	P	P	A	U	L	I	N
I	N	T	E	R	E	S	S	E	R	E	S	I	G	E	U
L	T	R	O	U	V	E	R	R	O	U	E	L	P	N	Y
L	R	E	S	U	M	A	E	D	I	T	R	U	E	V	E
E	R	D	R	O	L	B	L	N	I	E	T	R	I	E	R
R	I	O	E	S	S	A	L	E	S	T	T	E	G	R	E
R	N	U	T	R	O	I	I	T	R	R	E	S	N	E	S
E	E	C	U	E	S	G	B	N	I	F	M	O	E	N	T
I	V	H	P	P	R	N	A	E	T	A	O	P	R	E	S
R	U	E	S	M	A	E	H	L	N	C	O	E	I	M	R
A	O	R	I	O	N	R	V	I	E	H	V	R	A	O	E
M	S	E	D	R	U	P	E	A	S	E	N	I	T	R	E
A	R	R	E	T	E	R	T	P	L	R	A	R	I	P	S

s'amuser, s'appeler, s'asseoir, s'arrêter, s'approcher, se baigner, se coucher, se dépêcher, se doucher, se disputer, s'entendre, s'ennuyer, se fâcher, s'habiller, s'intéresser, se laver, se lever, se marier, se mettre, se promener, se peigner, se retrouver, se reposer, se réveiller, se raser, se sentir, se souvenir, se taire, se tromper, se trouver

2

a s'habille, b me douche, c vous trompez, d s'entendent, e ne me sens, f nous levons (or: nous réveillons), nous asseyons (or: nous dépêchons)

3

a me laver, b nous marier, c te baigner, d vous disputer
e se dépêcher, f vous coucher

The future tense: regular verbs (page 21)

1

a divorceront, b se marieront, c partira, d fumeras, e apprendrai, choisirai

2

a écouterai, arrêtera, b perdra, mangera, c se quittera, s'aimera, d achèteras, gagneras, e commenceront, étudieront

3

a je demanderai, b je partirai, on jouera, c économisera, s'achètera, d ils ne sortiront pas, ils resteront, e je n'achèterai pas, je continuerai

The future tense: irregular verbs (page 22)

1

a nous verrons/on verra, b je n'irai pas, c il y aura, d ils/elles viendront, e elle fera, f je ne pourrai pas, g il saura, h nous devrons/ on devra, i tu seras/vous serez, j elle aura

2

a j'aurai dix-sept ans.
b on devra passer un examen en juin.
c je ne pourrai pas partir en vacances. J'aurai trop de travail.
d il y aura beaucoup de révisions à faire pour mes examens.
e pour nous relaxer, ma petite amie et moi irons au cinéma.

3

a aurai, irai, b aurons, c devrons, d ferai, serai, e verra

The passive (page 23)

1

a This car is sold at a very reasonable price.
b Facebook is used by half of the population.
c Slavery was abolished a long time ago.
d Enormous technological progress has been made in the last 20 years.
e Thanks to the 2012 Olympic Games, playing/practising/doing a sport will be encouraged in all our schools.

2

a le gagnant est choisi
b ils sont élus/elles sont élues
c nous sommes informé(e)s
d il est arrêté

3

a En France, le Premier ministre est choisi par le Président.
b Ces émissions sont présentées par Ant et Dec.
c C'est fait à la main par mon voisin.
d Les candidats sont questionnés un par un par le directeur.
e Les abeilles sont attirées par certaines fleurs.

4

a On leur donne de l'argent.
b On nous conseille de réviser.
c On me demande souvent de promener le chien.
d On nous dit de travailler dur.

Mixed practice (page 24)

1

a2, b1, c3, d5, e4

2

The comparisons can be done in various ways. Possible answers include:
a Londres/Édimbourg a une plus grande population que York.

b Manchester United/Chelsea est une meilleure équipe de foot que Chelsea/Manchester United.

c Le français est moins difficile que les maths.

d La France est un pays plus varié que la Grande-Bretagne.

e Il est plus rapide de voyager en avion qu'en voiture.

3

a Achetez, l'événement le plus spectaculaire

b Venez, les meilleurs athlètes

c Donnez à, le soutien le plus fantastique, N'oubliez pas

4

a Elle est connue par/de la police.

b Les meilleurs croissants sont faits en France.

c Ce magazine est lu par des millions d'adolescents.

d C'est très bien fait.

5

a On leur donne, se préparer

b On encourage, manger

c On vous demande

Test yourself (page 25)

1

a s'accélérer, **b** a inventé, **c** se servent, **d** communiquent, **e** avoir, **f** permis, **g** vient, **h** remplacé, **i** peut, **j** va

2

a Évitez – an imperative is required.

b préfère – a present tense is required. This is the only option with the correct ending; *encourage* cannot be the answer as it starts with a vowel.

c depuis – this fits between a present tense and a period of time.

d passera – *bientôt* indicates that a future tense is required.

e absolument – an adverb between *c'est* and an adjective is required.

f télécharger – *en train de* requires a verb in the infinitive to follow.

g encourage – a present tense is required here, and the only one left with the correct ending is *encourage*.

h dernières – an adjective is needed here and this one has the correct agreement for *nouvelles*.

i les plus – together with *importantes*, this forms a superlative.

Topic 2

Prepositions (page 26)

1

P	R	E	S	D	E	A	V	E	C
A	L	B	A	E	N	C	H	I	P
R	E	I	N	V	T	O	G	M	E
S	U	O	S	A	R	T	N	R	C
T	B	U	C	N	E	E	O	A	H
N	R	D	O	T	V	D	L	P	E
A	P	R	E	S	N	E	E	O	Z
V	E	D	T	E	J	U	S	U	A
A	U	B	O	R	D	D	E	R	F
S	T	E	R	E	I	R	R	E	D

1 à = at, to, **2** de = of, from, **3** près de = near to, **4** à côté de = next to, **5** entre = between, **6** devant = in front of, **7** derrière = behind, **8** avec = with, **9** sans = without, **10** sur = on, **11** sous = under, below, **12** en = in, **13** au bord de = by (the side of),**14** pour = for, **15** par = by (someone), through, **16** au sujet de = about, **17** chez = at, to (the house of), **18** avant = before, **19** après = after, **20** parmi = among, **21** selon = according to

2

a après toi, **b** selon eux/elles, **c** derrière lui, **d** parmi eux/elles, **e** entre nous

3

a au bord du lac, **b** près de la boulangerie, **c** à côté des magasins, **d** au sujet des drogues

4

Students' own answers.

The imperfect tense (page 27)

1

a The scenery was fantastic.

b We were walking when it started to rain.

c When I was 13, I used to play rugby.

d Before she had/Before getting a computer, she used to write letters nearly every day.

e At the age of 7, he was already learning the piano.

2

a pouvait, allait, **b** allait, **c** avait, était, **d** dormait/logeait, **e** revenaient

3

a Ils/Elles étaient en retard.

b Il faisait froid.

c Son anniversaire était hier.

d À l'âge de quatre ans, il se déguisait en pirate.

e Il y avait un magasin ici.

f Il travaillait sur l'ordinateur quand ses amis sont arrivés.

The future tense (page 28)

1

a3, b1, c4, d2, e7, f8, g5, h6

2

Students' own answers.

3

a Je n'irai pas en ville.

b Il ne fera pas beau demain.

c Tu ne pourras jamais gagner.

d Il y aura de la neige demain.

e Il n'y aura pas de voyage scolaire cette année.

f Il n'y aura rien à faire.

g Il aura dix-sept ans en octobre.

h Nous aurons très faim.

i Sans ta veste, tu auras froid.

j Quand nous irons à Paris, nous visiterons la tour Eiffel.

k Quand ils/elles viendront, nous leur montrerons la ville.

l Je vous enverrai un mail quand j'aurai le temps.

The conditional (page 29)

1a

a Daniel, **b** Stéphanie, **c** Amélie, **d** Mathieu, **e** Romain

1b

Students' own answers – containing at least one verb in the conditional.

2

Students' own answers.

3

a était, aimerais, **b** gagnais, donnerais, **c** recyclait, aurait, **d** conduisais, dépenserais, **e** trouveraient, faisaient

Adverbs (page 30)

1

a lentement, **b** habituellement, **c** généralement, **d** principalement, **e** essentiellement, **f** totalement

2a

adverbs of time	adverbs of place	adverbs of frequency	adverbs of sequencing	adverbs of quantity
demain tomorrow	ici here	souvent often	d'abord first	très very
hier yesterday	là-bas there	toujours always	puis then	assez rather, quite
aujourd'hui today		d'habitude usually	enfin at last, finally	trop too
		quelquefois sometimes	après after	peu a little
		parfois sometimes	ensuite then	beaucoup a lot, very

2b
Students' own answers.

3
a Elle travaille mieux que son frère.
b Quelquefois, il se conduit mal.
c Venez/Viens vite!
d Ils peuvent courir très vite.
e Il peut nager vraiment bien./Il peut vraiment bien nager.

Perfect or imperfect tense? (page 31)

1a
Circle in the text: gave, used, continued
Underline in the text: used to take, was, found, walked, was, looked after

1b
a emmener, b avoir, c trouver, d aller (à pied), e donner, f utiliser, g être, h s'occuper de, i continuer

1c
a emmenaient, b j'avais, c je trouvais, d allaient à pied, e ont donné, f j'ai utilisé, g j'étais, h je m'occupais de, i j'ai continué

2
a F, b ND, c V, d ND, e V

3
Students' own answers.

Demonstrative adjectives and pronouns (page 32)

1
a cet, b cette, c Ces, d cette, e cet

2
a celles-ci/celles-là, underline: elles
b celle-ci/celle-là, underline: laquelle
c celui-ci/celui-là, underline: le
d celles-là, underline: chaussures
e celle-ci/celle-là, underline: la *and/or* jolie

3
a celui qui, b ceux qu', c ceux que, d celui que, e celle dont

Direct and indirect speech (page 33)

1
a il a dit, b ils/elles ont annoncé, c elle a expliqué, d il a admis, e nous avons répondu, f ils/elles ont déclaré, g son frère a répondu, h mon ami/copain a promis

2
a a-t-il dit, b ont-ils/elles annoncé, c a-t-elle expliqué, d a-t-il admis, e avons-nous répondu, f ont-ils/elles déclaré, g a répondu son frère, h a promis mon ami/copain

3
a Elle a confirmé qu'elle irait au cinéma ce soir.
b Ils ont répondu qu'ils ne pouvaient pas venir.
c Il a déclaré qu'il allait se marier.
d Elle a admis que c'était de sa faute.
e Il a expliqué qu'il arrangerait ça demain.

Forming questions (page 34)

1
a what, b who, c where, d when, e how, f why, g which, what, h which one/ones, i how much, how many, j what with a preposition (e.g. to/of what), k how long, l to what extent

2
a Où, b Lequel, c quoi, d Que, e Comment, f Pourquoi, g Quelles, h Combien

3
a Quand vont-ils se marier?/Quand est-ce qu'ils vont se marier?
b Pourquoi veux-tu aller au cinéma?/Pourquoi est-ce que tu veux aller au cinéma?
c Où irez-vous en vacances cette année?/Où est-ce que vous irez en vacances cette année?
d À quelle heure vas-tu te lever demain?/À quelle heure est-ce que tu vas te lever demain?
e Quel fruit préfères-tu?/Quel fruit est-ce que tu préfères?
f Combien de frères et sœurs as-tu?/Combien de frères et sœurs est-ce que tu as?

The subjunctive (page 35)

1
Tick: a, b, d

2a
a2, b3, c5, d1, e4,

2b
Circle these verbs: viennes, manges, reste, pleuve, réussissent

2c
Underline these expressions: je veux que, je ne pense pas que, bien qu', il ne faut pas que, je ne suis pas certain que

3
a I don't think he can go there.
b Although she is right, her parents don't agree with her.
c I am not sure he wants to come.
d Although he does his best, he finds maths difficult.
e I don't think she can speak German.
f He has to be at work at 8 o'clock.

Mixed practice (page 36)

1

	subjunctive	present	perfect	imperfect	future	conditional
a	j'aie	j'ai	j'ai eu	j'avais	j'aurai	j'aurais
b	tu ailles	tu vas	tu es allé(e)	tu allais	tu iras	tu irais
c	vous fassiez	vous faites	vous avez fait	vous faisiez	vous ferez	vous feriez
d	nous soyons	nous sommes	nous avons été	nous étions	nous serons	nous serions
e	il puisse	il peut	il a pu	il pouvait	il pourra	il pourrait
f	elles veuillent	elles veulent	elles ont voulu	elles voulaient	elles voudront	elles voudraient
g	elle sache	elle sait	elle a su	elle savait	elle saura	elle saurait

2
a quelles – celles-ci – celles-là – celles qu'
b quel – celui qui
c quels – ceux-ci – celui que

3
a2, b4, c5, d1, e6, f3

4
Students' own answers.

Test yourself (page 37)

1a
a dois, b complètement, c m'habillais, d ceux qui, e qu'est-ce que, f quel

1b
a P, b N, c P/N, d P/N, e N, f P

2
a étais, b reçois, c donneront, d avons eu, e pourrais, f vais, g viens, h fasse

Topic 3

The past historic (page 38)

1

Underline: arrivèrent, se rendirent, contactèrent, décidèrent, arriva, s'excusa, ouvrit, passèrent

2

a croire, **b** devoir, **c** boire, **d** naître, **e** venir, **f** faire, **g** avoir, **h** pouvoir, **i** mettre, **j** être, **k** prendre, **l** vivre, **m** voir

3

a il a cru = he believed, **b** elle a dû = she had to, **c** nous avons bu = we drank, **d** il est né = he was born, **e** elles sont venues = they came, **f** ils ont fait = they did, **g** il a eu = he had, **h** ils ont pu = they could, **i** elles ont mis = they put, **j** il a été = he was, **k** ils ont pris = they took, **l** elle a vécu = she lived, **m** elle a vu = she saw

Direct object pronouns (page 39)

1

a Il la rencontre à la gare.
b Je les envoie aujourd'hui.
c Elle ne la supporte pas.
d Il les fait régulièrement.
e Il doit nous voir à neuf heures.

2

This is an open-ended task, and these are examples.
a Il la conduit tous les jours.
b Je la regarde le soir.
c Elle l'utilise tout le temps.
d Il la voit après les cours.
e Ils les perdent régulièrement.

3

a Ne le fais/faites pas!
b Fais/Faites-le!
c Écoute/Écoutez-les!
d Ton vélo est vraiment sale. Nettoie-le, s'il te plaît.
e Au voleur! Arrête/Arrêtez-le!

Indirect object pronouns and order of pronouns (page 40)

1

a They don't allow me to borrow money.
b She told him/her to phone me.
c As she doesn't trust them, she doesn't give them a key.
d I asked him/her to write to me.
e He confirmed (to me) that he would send me an email.

2

a Il leur téléphone.
b Elle va lui donner cent euros.
c Il lui a dit de leur envoyer une carte postale.
d Ils lui ont demandé des bonbons.
e Prêtez-leur vos jouets, s'il vous plaît.

3

a Il me l'a donné.
b Elle la lui enverra.
c Ils le leur emprunteront.
d Écrivez-le lui.
e Ils nous l'ont confirmé.

4

a Lucie le lui a lu.
b Henri le lui a expliqué.
c Elle la lui vend.
d Il va le lui prêter.
e Il veut la leur dire.

The pluperfect tense (page 41)

1

a4, b1, c5, d3, e2, f10, g6, h9, i7, j8

2

a Ils n'avaient pas fait la vaisselle.

b Elle n'avait pas pris le train.
c Je n'avais pas lu ce livre.
d Il n'avait pas trouvé les problèmes difficiles.
e Ils n'avaient pas vendu leur voiture.

3

Students' own answers.

Negatives (page 42)

1

a Ils ne les aiment pas beaucoup.
b Elle ne m'écrit pas tous les mois.
c Je ne la leur prête pas tous les samedis.
d Il ne va pas leur envoyer d'argent.
e Il ne le lui demandera pas.

2

a Je ne l'ai pas rencontré.
b Il ne le lui a pas envoyé./Il ne la lui a pas envoyée.
c Elle ne me l'a pas raconté(e).
d Ils ne nous l'ont pas confirmé.
e Vous ne leur avez pas téléphoné.

3

a Personne ne l'a vu.
b Je préfère ne pas la rencontrer.
c Ne le/la regardes-tu pas tous les soirs?
d Personne ne comprend ce qu'elle dit.
e Je préférerais ne pas leur téléphoner.
f Ne la connaissez-vous pas?

The subjunctive (page 43)

1

Underline: partent, rentre, s'entendent, tombe, réussisse
a Although they always leave on time, they often arrive late.
b I don't think she will be back home before midnight.
c I don't believe/think they get on well.
d Although he falls off his bike quite often, usually he doesn't get hurt.
e My teacher is not sure that I will pass my exams.

2

For **a** and **e**, use bien que or quoique.
For **b** and **c**, use a phrase that expresses uncertainty: je ne pense pas qu', je ne crois pas qu', je doute qu', je ne suis pas sûr/certain qu'.
For **d**, use vouloir que.

3

a fasse, **b** sortes, **c** ait, **d** ailles, **e** soit

4

a Je ne crois pas que tu la connaisses.
b Bien qu'il soit intelligent, je ne pense pas qu'il comprenne ce problème.
c Je ne pense pas que vous ayez raison.
d Je ne suis pas certain(e) qu'il puisse finir son travail à temps.
e Je ne veux pas que tu ailles/partes en vacances avec tes copains cette année.

faire + infinitive (page 44)

1

a MIH, **b** HID, **c** DOM, **d** HID, **e** MIH

2

a Mes parents me feront finir mes devoirs avant le dîner.
b On ferait repeindre la façade.
c Elle faisait de la peinture.
d Je me ferai couper les cheveux.
e Ma mère m'a fait ranger ma chambre.

3

a J'ai fait construire une maison.
b Il s'est fait raser.
c Ils ont fait installer une nouvelle cuisine.
d Pour leur mariage, ils ont fait faire beaucoup de photos.
e Elle a fait repeindre son studio.

4

a fassions, b ferait, c fera, d faisait, e ont fait

Prepositions (page 45)

1

J'aime bien partir <u>en</u> vacances <u>en</u> famille. <u>En</u> général, on y va <u>en/par</u> avion. Quand on arrive <u>à</u> l'aéroport, on laisse la voiture <u>au</u> parking. Il faut y être deux heures <u>avant</u> le départ de l'avion. On a le temps <u>de</u> prendre nos billets et aussi <u>de</u> faire les magasins. <u>Pendant</u> le voyage, je fais des jeux <u>avec</u> ma sœur.

2

avant (*before*) – après (*after*), devant (*in front of*) – derrière (*behind*), loin de (*far from*) – près de (*near*), sous (*under*) – sur (*on*), avec (*with*) – sans (*without*)

3

a en bus, b à pied, c sous la pluie, d à la télé, e à Paris, f à Jersey, g en France, h au Canada, i aux États-Unis, j en vacances

4

Students' own answers.

Perfect tense agreements (page 46)

1

a Est-ce que tu es allé en ville en bus, Luc?

b Mes parents sont arrivés à l'heure.

c Nous sommes rentrés/rentrées avant minuit.

d Ta petite amie et toi, vous êtes sortis ensemble?

e Elle n'est pas descendue le voir ce week-end.

2

a a rencontrées, b avons faite, c as prêtés, ai écoutés, d a louée, e a recommandés

3

a Oui, je l'ai fini. Non, je ne l'ai pas fini.

b Oui, je l'ai entendue. Non, je ne l'ai pas entendue.

c Oui, je l'ai mis. Non, je ne l'ai pas mis.

d Oui, je l'ai regardée. Non, je ne l'ai pas regardée.

e Oui, je les ai goûtés. Non, je ne les ai pas goûtés.

Present participles and perfect infinitives (page 47)

1

a respectant, b faisant, c allant, d apprenant, e se servant

2a

a Après avoir pris ses médicaments,	1 ils ont fêté leur victoire au café.
b Après avoir vendu sa voiture,	2 ils ont été rassurés.
c Après avoir gagné le match,	3 il s'est senti mieux.
d Après avoir eu de ses nouvelles,	4 il est mort d'un cancer.
e Après avoir fumé toute sa vie,	5 il a acheté une moto.

2b

a3, b5, c1, d2, e4

3

a Après être rentrée de son séjour en France, elle parle mieux le français.

b Après être devenus champions d'Europe, ils ne font plus de compétitions.

c Après s'être blessée, elle a abandonné le ski.

d Après être restés un an en France, ils veulent y habiter.

e Après être tombée de vélo, elle a peur de s'en servir.

Mixed practice (pages 48–9)

1

Students' own answers.

2a

a furent – the *ils/elles* form of the past historic tense of *être*.

b eut – the *il/elle* form of the past historic tense of *avoir*.

c puisse – the *je* and the *il/elle* form of the subjunctive of *pouvoir*.

d iraient – the *ils/elles* form of the conditional of *aller*.

e aies – the *tu* form of the subjunctive of *avoir*.

f sois – the *je* and the *tu* form of the subjunctive of *être*.

g saches – the *tu* form of the subjunctive of *savoir*.

h mîmes – the *nous* form of the past historic tense of *mettre*.

i ailles – the *tu* form of the subjunctive of *aller*.

j diriez – the *vous* form of the conditional of *dire*.

2b

Students' own answers.

3

Students' own answers.

4

Underline: fit, se rendit

Circle: voulais, demandait, était, voulait

Box: aille, ait, prenne

5a

a les/mes devoirs, b l'Italie, c mon ordinateur, d mes lunettes de soleil, e le français

5b

Students' own answers.

6

a Elle la lui a prêtée.

b Il le lui a montré.

c Elles les leur ont données.

d Il la lui a dite.

e Il les lui expliquera.

Test yourself (pages 50–51)

1a

a ND, b F, c V, d ND

1b

contre, chez, aux, du, à, sur, près, selon, d'après, au cours de

2a

a Sophie, b Mélanie, c Céline, d Mickael

2b

Any two verbs for each of the following:

a futur: il y aura, permettront, empêchera, seront, se développeront

b conditionnel: disparaîtrait, faudrait

c présent: c'est, sont, concerne, crois, interdit

d subjonctif: changent, puissent

2c

Students' own answers.

3

a aurais aimé, b auras, c soit, d préférerais, e permettait, f avoir passé, g devienne, h avons fait, i laissent, j allant, k être arrivés

Topic 4

The conditional and conditional perfect (page 52)

1

a visiterais, b garderait, c pourrait, d aimerait, e ferais

2

a Underline: aurions aimé. We would have liked to go and see them.

b Underline: seriez allés. Would you have gone on foot?

c Underline: aurait pu. Without his glasses, he wouldn't have been able to read it.

d Underline: aurais pensé. I would never have thought that she'd go.

e Underline: serait venue. She would never have come without her fiancé.

3a

a4, b5, c2

3b

Underline: aurais pu, aurais aimé, aurais voulu

3c

Circle: soit, étudient, paient

3d

Students' own answers.

Relative pronouns: *qui*, *que*, *dont* (page 53)

1

a qu', **b** dont, **c** qui, **d**, que, **e** qui

2

a Voici/Voilà le dictionnaire dont tu as besoin.
b Les gens qu'on a rencontrés en vacances étaient très sympas.
c L'ordinateur qu'il a acheté est super.
d Le garçon dont elle rêve est dans ma classe.
e C'est le portable que j'ai toujours voulu.

3

a Do what you can.
b Do what there is to do.
c Do as you please.
d What's done is done.
e That's what I dream of.

4

Students' own answers.

Infinitive constructions (page 54)

1

verb + *à* + infinitive	verb + *de* + infinitive	verb + infinitive
chercher	rêver	aimer
encourager	essayer	espérer
commencer	finir	vouloir
continuer	oublier	croire
réussir	avoir envie	savoir
apprendre	avoir besoin	laisser
arriver	avoir peur	oser
	refuser	pouvoir
	éviter	préférer
	décider	faire
	choisir	devoir
	s'arrêter	
	accepter	

2

a Elle a refusé de le voir.
b Il a décidé d'arrêter de fumer.
c Elle a préféré ne pas le savoir.
d Je ne dois pas le faire.
e Je l'ai aidé à la construire.

3

Students' own answers.

Impersonal verbs (page 55)

1

Underline: Il faut que, Il reste, Il vaut mieux que, Il est essentiel que, Il y a

a It's necessary for you to go./You have to go./You must go.
b I've got 5 euros left.
c It is better for us to arrive early/if we arrive early.
d It is essential that you meet her.
e There are lots of people here.

2

	impersonal verbs	perfect	imperfect	future	conditional
a	il y a	il y a eu	il y avait	il y aura	il y aurait
b	il reste	il est resté	il restait	il restera	il resterait
c	il fait (+ *weather*)	il a fait	il faisait	il fera	il ferait
d	il vaut mieux	il a mieux valu	il valait mieux	il vaudra mieux	il vaudrait mieux
e	il faut	il a fallu	il fallait	il faudra	il faudrait
f	il est ... de	il a été	il était	il sera	il serait

3

Students' own answers.

Pronouns *y* and *en* (page 56)

1

a Ils y sont arrivés tard. **b** Allons-y cet été. **c** On ne m'y a jamais encouragé. **d** Je n'y aurais jamais pensé. **e** Il va s'y mettre.

2

a Il en a parlé. **b** Ils/Elles en ont acheté un(e). **c** Il n'y en a pas. **d** Tu en veux un(e)?/Vous en voulez un(e)? **e** Choisis-en un(e)./Choisissez-en un(e).

3

a Elle leur en a prêté. **b** Nous les y avons vus. **c** Elle lui en a envoyé une. **d** Ses parents l'en ont empêché. **e** Vous devriez leur en demander.

Emphatic pronouns and possessive pronouns (page 57)

1

a Ils y sont allés avec moi. **b** C'est elle qui en est responsable. **c** Viens t'asseoir avec elle. **d** C'est lui que j'ai vu à la télé. **e** Qu'est-ce qu'ils pensent de nous?

2

Students' own answers.

3

a Oui, c'est le sien. **b** Oui, c'est le mien. **c** Oui, c'est la leur. **d** Oui, ce sont les siens. **e** Oui, ce sont les miens.

Direct and indirect object pronouns (page 58)

1

a Je lui enverrai une carte d'anniversaire.
b On l'achète/Nous l'achetons aujourd'hui.
c Il nous regarde.
d Je leur demanderai.
e Je vais la voir.
f Je lui téléphonerais si je pouvais être sûr(e) qu'elle réponde.

2

a Je les lui donnerai.
b Elle le leur écrira.
c Ils vont me le dire.
d Nous les lui passerons.
e Ils pensent la lui vendre.

3

a Ils l'ont regardée avec leurs copains.
b Elle l'a prêtée à sa sœur.
c Elle les a donnés à son fils.
d Il l'a invitée à aller au restaurant.
e Elle l'a éteinte.

4

a Elle les lui a achetées.
b Il la lui a empruntée.
c Je la lui ai posée.
d Ils la leur ont expliquée.
e Nous la leur avons racontée.

Reflexive verbs (page 59)

1

a Nous nous sommes habillé(e)s.
b Elle s'est assise.
c Ils/Elles se sont levé(e)s tôt.
d Il s'est douché.
e À quelle heure est-ce que tu t'es couché(e)?/À quelle heure est-ce que vous vous êtes couché(e)(s)?
f Elle s'est cassé la jambe.

2

a Il va se raser. **b** Elles vont se promener. **c** Je vais me laver les cheveux aujourd'hui. **d** Nous allons nous intéresser à l'art moderne. **e** Tu vas te déplacer à vélo?

3

a Il a lavé le sol samedi.

b Je me suis acheté un nouveau portable hier.

c Je l'ai réveillée à sept heures.

d Il s'est demandé où il était.

e Nous nous sommes rencontré(e)s à une fête l'année dernière./
On s'est rencontré(e)s à une fête l'année dernière.

4

Students' own answers.

The subjunctive (page 60)

1

a Je veux que tu lises/vous lisiez ce livre.

b Je ne pense pas qu'il fasse beau demain.

c Il faut que tu les voies/que vous les voyiez.

d Je ne suis pas sûr(e) qu'ils/elles aient raison.

e Je préfère que tu y ailles/vous y alliez.

2

a I was not sure, **b** I did not think, **c** I would like, **d** I would have liked, **e** I would prefer, **f** It was necessary, **g** I would not have thought/believed

3

Students' own answers.

4

Students' own answers.

Confused about tenses? (page 61)

1

	imperfect	subjunctive	future	conditional	conditional perfect	perfect	pluperfect
	je / j'	tu	il/elle	nous	vous	ils/elles	on
écouter	écoutais	écoutes	écoutera	écouterions	auriez écouté	ont écouté	avait écouté
finir	finissais	finisses	finira	finirions	auriez fini	ont fini	avait fini
répondre	répondais	répondes	répondra	répondrions	auriez répondu	ont répondu	avait répondu
aller	allais	ailles	ira	irions	seriez allé(e)(e)	sont allé(e)(s)	était allé(e)(s)

2

a je ferai, **b** ils/elles étaient, **c** je veux qu'il fasse, **d** nous avons été, **e** il aurait cru/pensé, **f** ils/elles enverraient, **g** elle avait compris

3

Students' own answers.

Mixed practice (pages 62–3)

1

a Il vaut mieux qu'il prenne la mienne.

b J'aurais préféré qu'elle prenne la sienne.

c J'aurais aimé qu'on y aille.

d Je voulais qu'on en achète.

e Je ne leur en ai pas prêté.

2

a C'est la mienne. **b** Je vais en acheter. **c** On va y aller.
d Il l'a achetée. **e** Il lui a donné dix euros.

3a

a devienne, **b** penser, **c** fallait

3b

Students' own answers.

4

This is a game.

5

subjunctive	future	conditional	imperfect	present	infinitive	past participle
fasse	feront	voudrais	pouvais	pense	avoir	lu
sois	aurai	verrais	devais	faut	vouloir	mis
aie	irai	devrais	étais	vaut	aller	reçu
puisse	dira	serait	rêvait	suis	venir	vécu

The infinitive 'savoir' is also a possible answer.

6

a 4, **b** 1, **c** 5, **d** 3, **e** 2

7

a Il faut que j'envoie un mail à ma copine.

b Je ne pense pas qu'on aille en vacances cette année.

c Je ne suis pas certain qu'il réussisse.

d Il est important que tu rendes visite à ta grand-mère.

e Tes parents veulent que tu fasses un petit boulot.

Test yourself (pages 64–5)

1a

a Anna, **b** Stéphanie, **c** Amélie, **d** Amélie, **e** Rémi, **f** Anna, **g** Rémi

1b

Anna: a Ne vous rendez pas, **b** s'il ne vous a même pas dit, **c** avec vous, **d** pour vous, **e** croyez-moi, **f** vous êtes

Amélie: a vous ayez raison, **b** vous dites, **c** de vous donner

Rémi: a ne vous compliquez pas, **b** aurait pu vous dire, **c** écoutez, **d** essayez, **e** ce que vous voulez, **f** vous trouverez

Stéphanie: a vous dites, **b** vous vous trompez, **c** vous ne l'aimiez plus, **d** il vous a rejetée

1c

Students' own answers.

2

a ont été, **b** a fallu, **c** a fini, **d** se sont intéressés, **e** a inventé, ont eu, **f** se passeront, **g** aimeraient, **h** coûte, **i** soit

3a

a rappellent, **b** confirmant, **c** dise, **d** font, **e** jamais, **f** leurs, **g** avais, **h** étais, **i** auraient, **j** obligées

3b

Students' own answers.

Acknowledgements

The author and the publisher would like to thank the following for the use of their material:

p.50, Trois mesures pour lutter contre l'alcool chez les jeunes, les réactions de choletais … (L'alcool chez les jeunes). Adapted from: http://www.choletblog.fr/trois-mesures-pour-lutter-contre-lalcool-chez-les-jeunes-les-reactions-des-choletais-4030/, accessed 15 February 2013

p. 65, Familles recomposées : elles témoignent (Que trouvez-vous le plus difficile à vivre?). Adapted from: http://sante-az.aufeminin.com/mag/enfants/d16010/s40775.html, accessed 15 February 2013

Every effort has been made to trace the copyright holders but if any have been inadvertently overlooked the publisher will be pleased to make the necessary arrangements at the first opportunity.